Acesse
www.moderna.com.br/ac/livroportal
e siga as instruções para ter acesso
aos conteúdos exclusivos do
Portal e Livro Digital

CÓDIGO DE ACESSO:
A 00181 PREGEOG4E 4 35684

Faça apenas um cadastro. Ele será válido para:

12097974 PRESENTE GEO 4 ED4

Presente Geografia 4

Neuza Sanchez Guelli
Bacharel e licenciada em Geografia pela Pontifícia Universidade Católica de São Paulo.
Professora de Geografia no Ensino Fundamental.
Coordenadora e diretora pedagógica no Ensino Fundamental e no Médio.

Cíntia Nigro
Bacharel e licenciada em Geografia pela Universidade de São Paulo.
Mestre em Geografia Humana pela Universidade de São Paulo.
Professora de Geografia no Ensino Fundamental, no Médio e no Superior.

COORDENAÇÃO PEDAGÓGICA
Neuza Sanchez Guelli

4ª edição

© Neuza Sanchez Guelli, Cíntia Nigro, 2015

Coordenação editorial: Marisa Martins Sanchez
Edição de texto: Lina Youssef Jomaa, Juliana Maestu, Fernanda Pereira Righi, Carlos Vinicius Xavier
Assistência editorial: Ana Cristina Bezerra Oliveira
Preparação de texto: Cintia Shukusawa Kanashiro
Gerência de *design* e produção gráfica: Sandra Botelho de Carvalho Homma
Coordenação de *design* e produção gráfica: Everson de Paula
Suporte administrativo editorial: Maria de Lourdes Rodrigues (coord.)
Coordenação de *design* e projeto gráfico: Marta Cerqueira Leite
Capa: *Criação e direção de arte*: Marta Cerqueira Leite
  Finalização: Ana Carolina Orsolin
  Ilustração de construção em papel: Ricardo Davino
Coordenação de arte: Rodrigo Carraro
Edição de arte: Edivar Goularth
Editoração eletrônica: MRS Design e Cultura
Ilustrações: André Vazzios, Alexandre Dubiela, Hugo Araújo, Limetown, Mariana Coan, Rodrigo Arraya, Samuel Silva Nascimento, Sérgio Paulo, Tarcísio Bellini, Téo Coelho, Vagner Vargas
Cartografia: Anderson de Andrade Pimentel, Fernando José Ferreira
Coordenação de revisão: Elaine C. del Nero
Revisão: Salete Brentan, Tatiana Malheiro
Coordenação de pesquisa iconográfica: Luciano Baneza Gabarron
Pesquisa iconográfica: Camila Soufer, Junior Rozzo
Coordenação de *bureau*: Américo Jesus
Tratamento de imagens: Bureau São Paulo, Fabio N. Precendo, Marina M. Buzzinaro, Resolução Arte e Imagem
Pré-impressão: Alexandre Petreca, Everton L. de Oliveira, Hélio P. de Souza, Marcio H. Kamoto, Rubens M. Rodrigues, Vitória Sousa
Coordenação de produção industrial: Viviane Pavani
Impressão e acabamento: Esdeva Indústria Gráfica Ltda.
Lote: 236995

Dados Internacionais de Catalogação na Publicação (CIP)
(Câmara Brasileira do Livro, SP, Brasil)

Guelli, Neuza Sanchez
  Presente geografia / Neuza Sanchez Guelli, Cíntia Nigro. – 4. ed. – São Paulo : Moderna, 2015. – (Projeto presente / coordenação pedagógica Neuza Sanchez Guelli)

  Obra em 4 v. para alunos do 2º ao 5º ano.
  Bibliografia.

  1. Geografia (Ensino fundamental) I. Nigro, Cíntia. II. Título. III. Série.

15-00960   CDD-372.891

Índices para catálogo sistemático:
1. Geografia : Ensino fundamental   372.891

ISBN 978-85-16-09797-4 (LA)
ISBN 978-85-16-09798-1 (GR)

Reprodução proibida. Art. 184 do Código Penal e Lei 9.610 de 19 de fevereiro de 1998.
Todos os direitos reservados
EDITORA MODERNA LTDA.
Rua Padre Adelino, 758 – Belenzinho
São Paulo – SP – Brasil – CEP 03303-904
Vendas e Atendimento: Tel. (0_ _11) 2602-5510
Fax (0_ _11) 2790-1501
www.moderna.com.br
2018
Impresso no Brasil

1 3 5 7 9 10 8 6 4 2

A paisagem, assim como o espaço, altera-se continuamente para poder acompanhar as transformações da sociedade.

Milton Santos. *Pensando o espaço do homem*. São Paulo: Edusp, 2004. p. 54.

O carro de bois, de Frans Post, 1638.

Seu livro é assim

Abertura de unidade
Saiba o que você vai estudar na unidade analisando imagens e conversando com os colegas.

Primeiros contatos
Você perceberá o que já sabe sobre o tema que será estudado.

Desafio à vista!
Você vai elaborar hipóteses sobre questões que serão desenvolvidas nos capítulos.

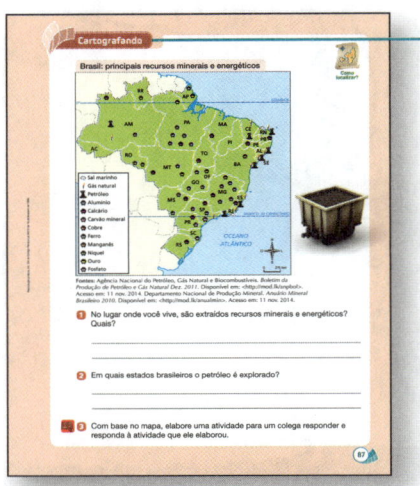

Cartografando
Você vai aprender a ler e a interpretar a realidade espacial por meio de desenhos, mapas, gráficos, fotos, obras de arte e muito mais...

Estudo do meio
Você terá possibilidade de visitar e conhecer diferentes locais.

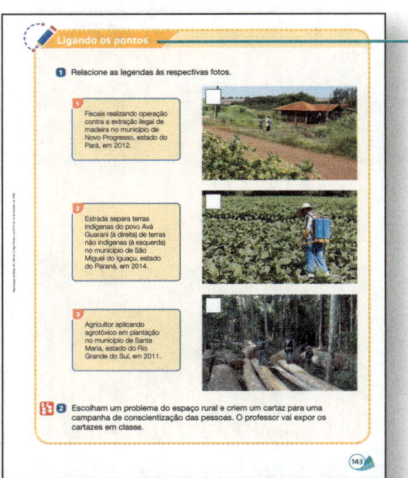

Ligando os pontos
Aqui você retoma o *Desafio à vista!* e organiza os conhecimentos construídos.

Refletindo mais

Você vai retomar e ampliar seus conhecimentos.

Glossário

Você vai aprender novas palavras. Procure as palavras ou expressões marcadas com asterisco (*) no *Glossário*, no final do livro, e conheça o seu significado.

Você também encontrará as seções:

Você vai conhecer um pouco mais sobre o assunto estudado.

 Pesquise

Aqui você vai pesquisar e descobrir novas informações sobre o conteúdo estudado em sala de aula.

Entreviste

Converse com diferentes pessoas e obtenha mais informações sobre o assunto estudado.

De leitor para leitor

Você vai encontrar sugestões de livros, filmes e *sites* para conhecer mais sobre o que estudou.

Nos conteúdos que trabalham a alfabetização geográfica, você encontrará os ícones:

Nos conteúdos que trabalham a alfabetização cartográfica, você encontrará os ícones:

Ícone que indica objetos digitais:

Neste livro, você encontrará alguns ícones que vão orientar a forma como você deve fazer as atividades. São eles:

Atividade oral

Atividade em dupla

Atividade em grupo

Registre em seu caderno

Sumário

UNIDADE 1 — Vivemos em um município 8

Primeiros contatos 9

1. O município: cidade e campo 10
2. A relação entre o espaço urbano e o espaço rural 14
3. As direções e o município 18
4. Os mapas ao longo do tempo 26
5. Tecnologia usada na produção de mapas 30
6. As medidas e os mapas 34
- Refletindo mais – Limites de município 42

UNIDADE 2 — O município: transformação e organização 44

Primeiros contatos 45

7. A ocupação do espaço: ontem e hoje 46
8. A formação do espaço rural 52
9. A formação do espaço urbano 56
10. A organização do espaço rural 62
11. A organização do espaço urbano 66
12. A administração do município 73
- Refletindo mais – Mudanças acontecem! 76

| UNIDADE 3 | **Produção, trabalho e tecnologia** | **78** |

Primeiros contatos **79**

- 13 Os recursos naturais 80
- 14 O extrativismo 88
- 15 A indústria 94
- 16 A agricultura 102
- 17 A pecuária 112
- 18 O comércio e os serviços 118
- • **Refletindo mais** – A natureza pede cuidado! **126**

| UNIDADE 4 | **Espaço rural e espaço urbano: desafios** | **128** |

Primeiros contatos **129**

- 19 Espaço rural: alguns desafios 130
- 20 Unidades de conservação 135
- 21 Terras indígenas e comunidades quilombolas 138
- 22 Espaço urbano: alguns desafios 144
- 23 Desenvolvimento sustentável 152
- 24 A preservação dos patrimônios culturais e naturais 156
- • **Refletindo mais** – O município ideal **160**

| **De leitor para leitor** | **162** |

| **Glossário** | **164** |

| **Encartes** | **169** |

Unidade 1
Vivemos em um município

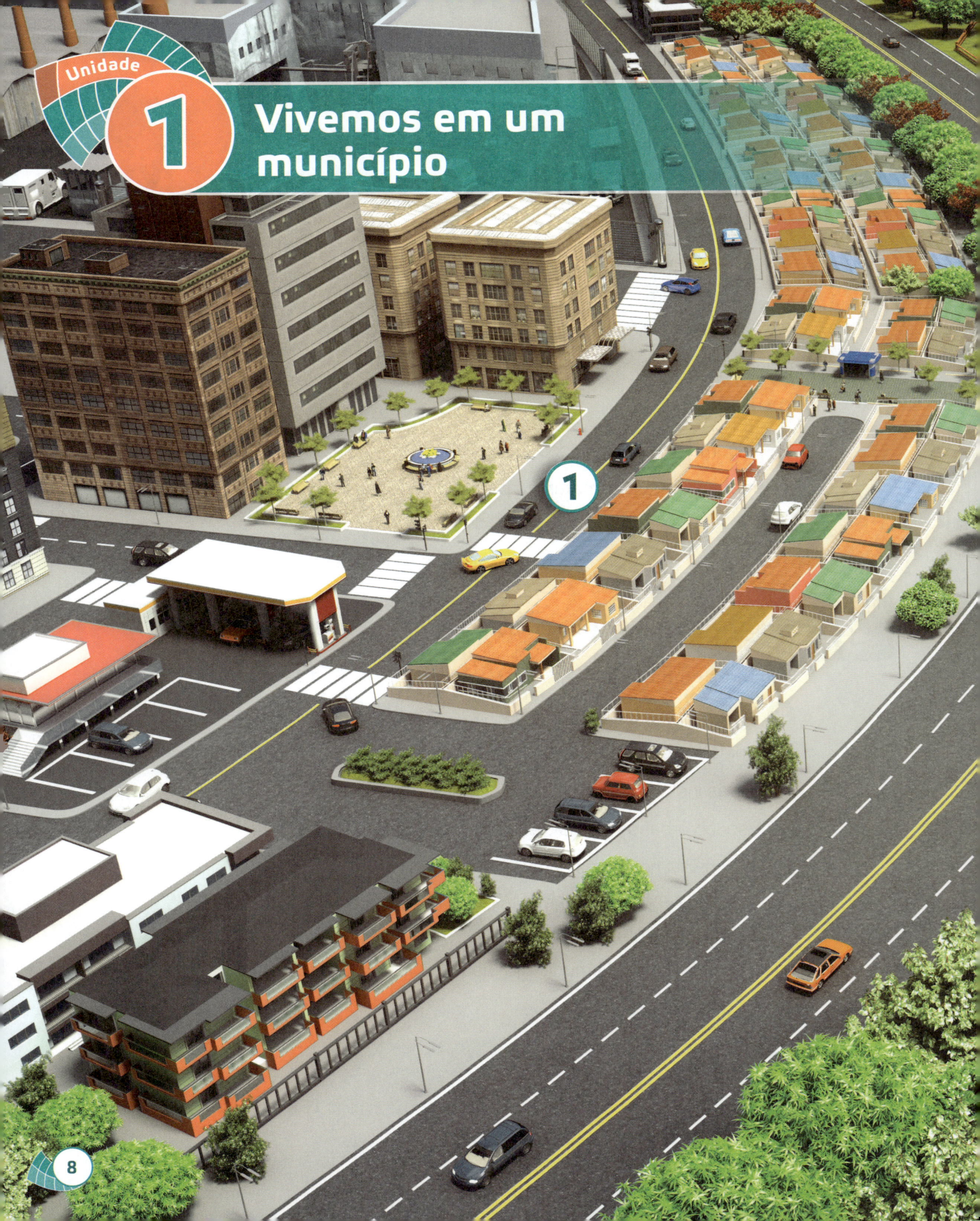

Primeiros contatos

1. Quais elementos da paisagem predominam na área indicada pelo número 1?
2. Quais elementos da paisagem predominam na área indicada pelo número 2?

1 O município: cidade e campo

Desafio à vista!

Como os municípios se organizam?

Ao ocupar o espaço, as pessoas o transformam. Elas derrubam as matas, constroem casas, ruas e avenidas, formam bairros e municípios.

Portanto, a organização do espaço reflete o modo como ele é ocupado pelas pessoas.

Observe as fotos.

Vista de parte do município de Londrina, estado do Paraná, em 2012.

Vista de parte do município de Londrina, estado do Paraná, em 2014.

Objeto digital
• Atividade: *Conhecendo as paisagens do município*

1 As fotos mostram paisagens do mesmo município? Como vocês sabem?

_____
_____

2 Qual das fotos mostra o espaço urbano do município? Qual mostra o espaço rural?

_____
_____

3 Que diferenças vocês observam entre esses espaços?

_____
_____
_____
_____

4 Quais dos elementos listados no quadro predominam no espaço urbano? E no espaço rural? Complete a tabela com esses elementos.

> Concentração de casas   Plantações   Poucas casas
> Pastagens   Muitas construções   Ruas de terra   Ruas asfaltadas

Elementos do espaço urbano	Elementos do espaço rural

5 Quais outros elementos da paisagem você identifica no espaço urbano e no espaço rural do município? Converse com o professor e os colegas.

11

Cartografando

Objeto digital
- Atividade interativa

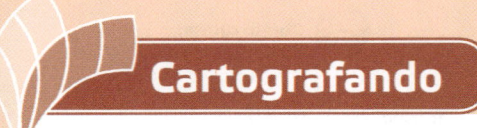

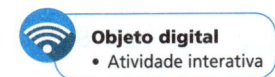

Observe a representação que um aluno fez do lugar onde vive.

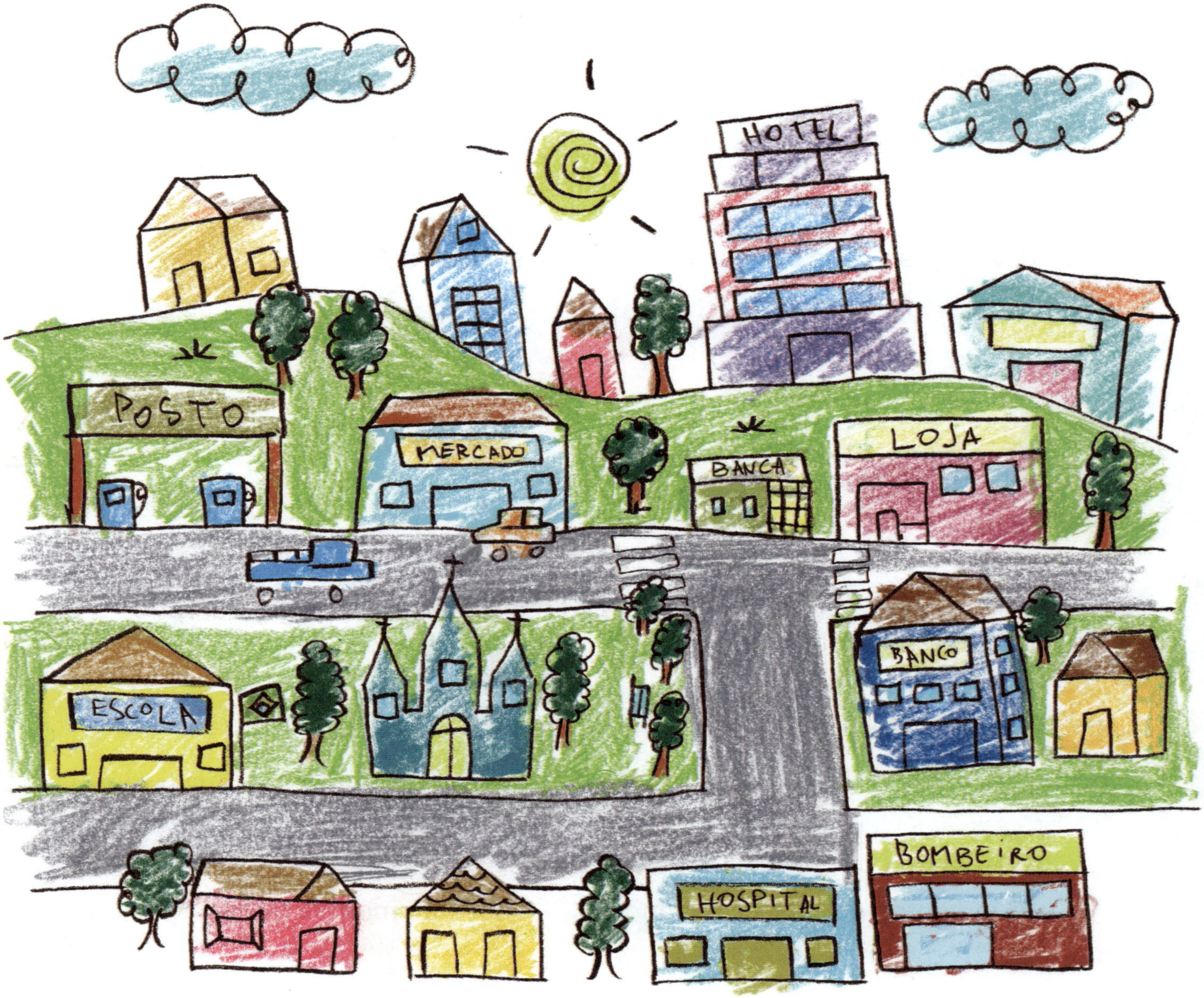

1 Quais elementos da paisagem foram retratados na representação do aluno? Apresente sua resposta para o professor e os colegas.

2 Agora é sua vez! Represente por meio de um desenho o seu lugar de viver, destacando os principais elementos que compõem a paisagem. Lembre-se de escrever uma legenda para o desenho.

Como representar?

Legenda: _____

_____

Assinatura: _____ Data: ____/____/_____

- Apresente o desenho para o professor e os colegas.

2 A relação entre o espaço urbano e o espaço rural

O município é composto de um espaço urbano, chamado de **cidade**, e de um espaço rural, denominado **campo**.

Algumas atividades realizadas no espaço urbano têm relação com as atividades praticadas no espaço rural e vice-versa. Assim, pode-se dizer que o espaço urbano e o espaço rural se complementam.

Grande parte do que é produzido no espaço rural é consumido no espaço urbano.

Plantação de tomates.

Comércio de tomates e de outros alimentos.

No espaço urbano, vendem-se inúmeros produtos que são utilizados no espaço rural.

Comércio de tratores.

Agricultor prepara o solo para cultivo.

Cartografando

1 Na foto abaixo, trace uma linha vermelha separando o espaço urbano do espaço rural.

Vista do município de Itapira, estado de São Paulo, em 2013.

a) Quais elementos predominam no espaço urbano mostrado na foto?

_____

_____

b) Quais elementos predominam no espaço rural mostrado na foto?

_____

_____

2 Observe os itens a seguir.

1

2

3

4

5

6

7

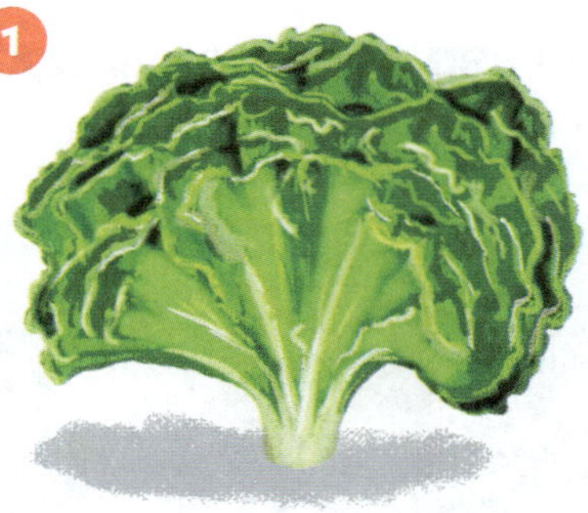

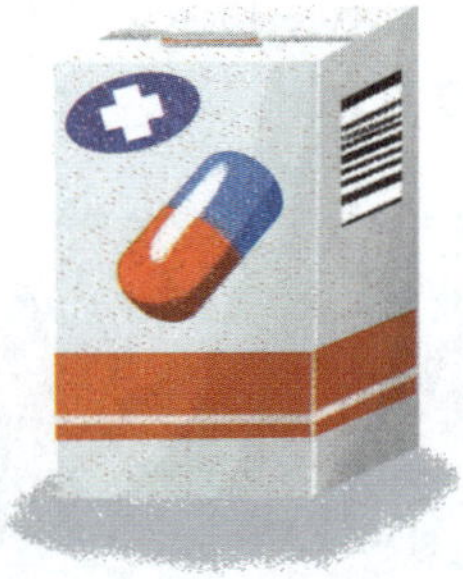

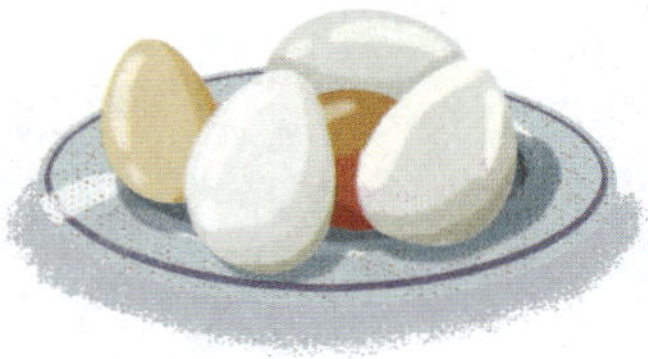

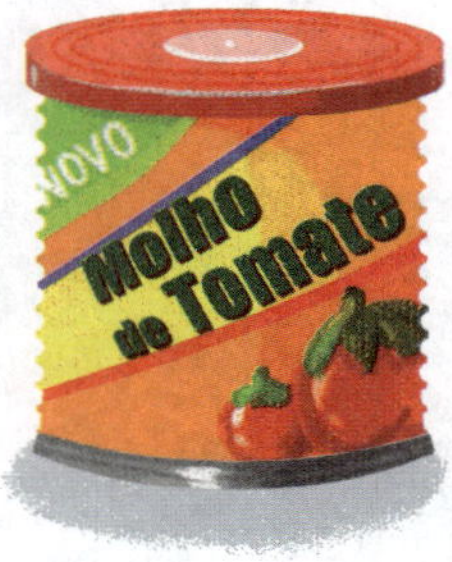

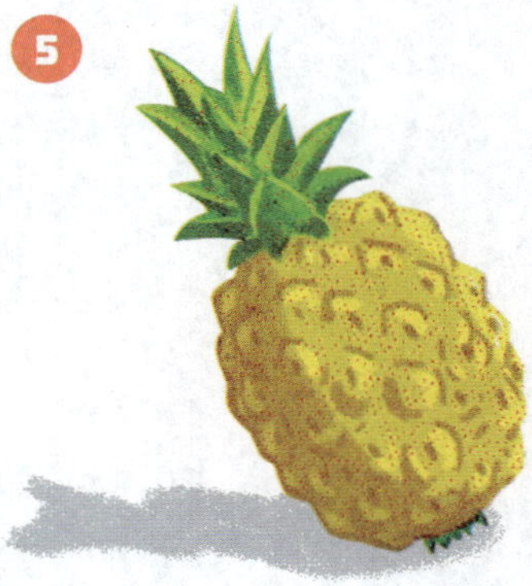

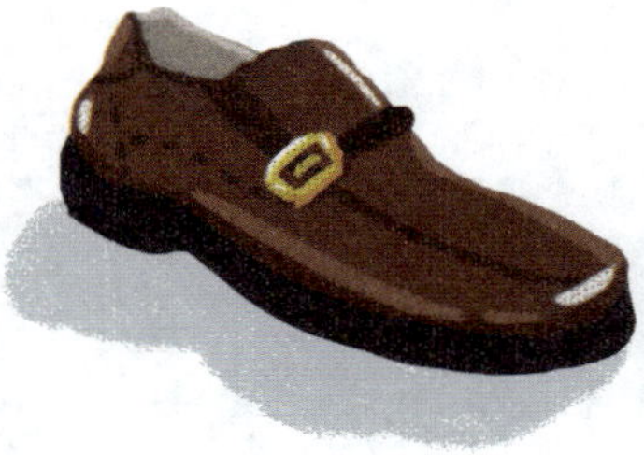

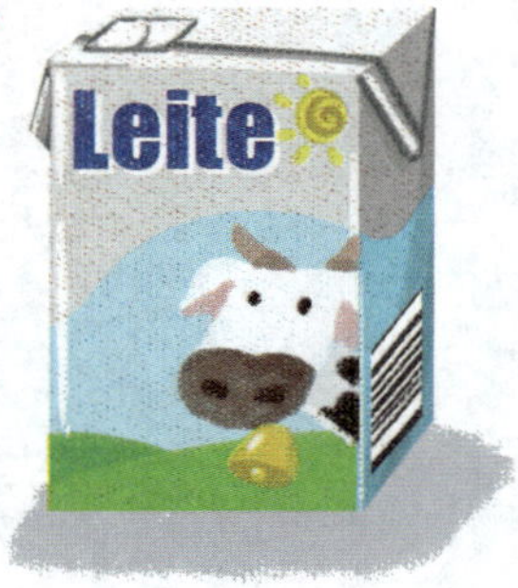

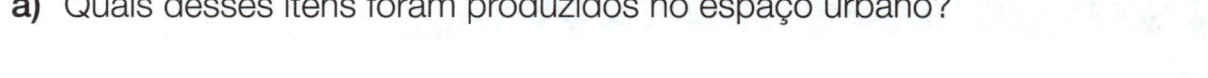

a) Quais desses itens foram produzidos no espaço urbano?

____

____

____

b) Quais desses itens foram produzidos no espaço rural?

____

____

____

Ligando os pontos

1. Você vai organizar o quebra-cabeça de um município. Para isso, siga as instruções.

   a) Recorte as peças das páginas 169 e 171 deste livro.

   b) Depois, cole as peças do quebra-cabeça no espaço a seguir, para formar o município.

2. Em sua opinião, o que é importante para a existência de um município? Converse com o professor e os colegas sobre isso.

3 As direções e o município

Estamos sempre localizando lugares: nossa casa, nossa rua, nossa escola. Para isso, utilizamos pontos de referência e, com base neles, indicamos as direções.

Leia o texto.

> **Desafio à vista!**
> Como podemos determinar as diferentes direções no município?

Ponto de vista

À direita vejo um bosque,
À esquerda uma lagoa,
Logo acima vejo o céu,
Sob os pés a terra boa!

Na minha frente há um morro,
Logo atrás, um precipício,
Mas, se viro de repente,
Tudo muda desde o início!

O que estava à minha esquerda
À direta está agora,
Tudo ficou diferente,
Tudo girou sem demora!

E, pondo a cabeça no chão
Ou dando uma cambalhota,
O de cima fica embaixo
E faz uma reviravolta!

Não devemos esquecer,
Quando o assunto é direção,
Que antes de tudo é preciso
Um pouco de concentração!

[...]

E é muito bom que existam
O norte, sul, leste, oeste,
Pois estes, mesmo que eu vire
E troque de posição,
Mesmo que eu dê piruetas
E cambalhotas no chão,
Nunca trocam de lugar,
Dão a exata *direção!*

São os pontos cardeais
E não se alteram jamais!

Sonia Salerno Forjaz. *Ponto de vista*. 2. ed. São Paulo: Moderna, 2014. p. 28-34.

Ao amanhecer, o Sol sempre aparece do mesmo lado no horizonte e, ao entardecer, desaparece do lado oposto. Por isso, o Sol pode ser considerado um ponto de referência para estabelecer as direções.

1. Observe a posição do Sol em relação à sua escola. Depois, represente no espaço a seguir o que você observou. Siga as instruções.

Como nos orientar?

a) Desenhe a sua escola no centro do quadro.

b) Se você estuda no período da manhã, desenhe o Sol de acordo com a posição dele em relação à escola no seu horário de entrada e também por volta das 12 horas. O professor registrará em um cartaz a posição do Sol no fim da tarde. Depois, complete o seu desenho, indicando essa posição.

c) Se você estuda à tarde, o professor registrará no cartaz a posição do Sol pela manhã, e você registrará a posição do Sol assim que chegar à escola e também no fim da tarde.

2. Escreva suas conclusões sobre a posição do Sol e, depois, compare-as com as afirmações dos quadros a seguir. Apresente suas conclusões ao professor e aos colegas.

_____

A parte de sua escola diretamente atingida pelo Sol, de manhã, está na direção **leste**.

_____

A parte de sua escola diretamente atingida pelo Sol, ao entardecer, está na direção **oeste**.

Os pontos cardeais e a rosa dos ventos

Os pontos cardeais são abreviados da seguinte maneira:

Português		Inglês	
Direção	Abreviação	Direção	Abreviação
Norte	N	North	N
Sul	S	South	S
Leste	L	East	E
Oeste	O	West	W

Os pontos cardeais são representados em uma figura chamada **rosa dos ventos**.

A rosa dos ventos representada ao lado mostra os pontos cardeais e os pontos colaterais. Os pontos colaterais indicam direções situadas entre os pontos cardeais e também são abreviados com siglas.

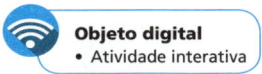

Pontos cardeais

Pontos colaterais

Pesquise

Qual é o nome de cada ponto colateral abreviado na rosa dos ventos acima? Pesquise e registre suas descobertas neste quadro.

Pontos colaterais	
NE	
SE	
SO	
NO	

Cartografando

Um mapa do tesouro foi desenhado há muito tempo. Imagine que você encontrou esse mapa e agora precisa decifrá-lo para descobrir onde está o tesouro.

1 Siga as instruções para encontrar o tesouro. No mapa, a medida de cada lado dos quadradinhos corresponde a 1 passo.

- Saindo do ponto vermelho indicado no mapa, caminhe:

  ✓ 1 passo para o leste
  ✓ 1 passo para o sul
  ✓ 2 passos para o oeste

  ✓ 4 passos para o norte
  ✓ 6 passos para o leste
  ✓ 1 passo para o norte

Representação sem escala para fins didáticos.

2 Que letra e número indicam a posição do tesouro no mapa?

_____

_____

Uma das formas mais simples de nos localizarmos e de encontrarmos endereços é por meio de uma planta. Observe a planta de parte do município de Curitiba, no estado do Paraná.

Como localizar?

Planta de parte do município de Curitiba

Fonte: Instituto de Pesquisa e Planejamento Urbano de Curitiba.
Disponível em: <http://mod.lk/mapacuri>. Acesso em: 5 maio 2015.

3 De acordo com a planta, em qual quadrícula se encontra:

a) o Relógio das Flores? _____

b) o correio? _____

c) o passeio público? _____

4 Tomando o passeio público como referência, o que se localiza na direção:

a) sul? _____

b) sudeste? _____

c) sudoeste? _____

d) noroeste? _____

Você sabia?

A orientação pelo Sol não é sempre possível de se fazer, pois, em dias nublados ou chuvosos, é difícil observá-lo no céu. Sabendo disso, os navegadores usam vários instrumentos para se orientar e chegar ao destino.

A bússola é um desses instrumentos. Ela foi inventada pelos chineses há muito tempo e é utilizada para auxiliar na orientação até os dias atuais.

Esse instrumento tem uma agulha imantada* que gira sobre uma base onde são indicados os pontos cardeais. Algumas bússolas apresentam também a indicação dos pontos colaterais.

Antigamente, as bússolas eram bem diferentes das que conhecemos hoje em dia. Elas tinham uma base de bronze com a indicação das direções e um objeto central, em forma de concha, que indicava a orientação. Para determinar a direção com mais precisão, os instrumentos foram aperfeiçoados e evoluíram. Atualmente, um instrumento de orientação bastante utilizado é o GPS (*Global Positioning System*), que em português significa Sistema de Posicionamento Global.

O GPS é um instrumento de orientação ligado a uma rede de satélites artificiais. Com base nessa rede e nas coordenadas geográficas, ele consegue localizar com precisão a posição de determinado ponto. Atualmente, alguns modelos de telefone celular têm função de GPS.

Bússola antiga.

Bússola atual.

GPS.

Ligando os pontos

Você e seus colegas vão trabalhar com a planta do município onde vivem. Para isso, sigam as orientações.

O professor colocará a planta no chão e vocês ficarão ao redor dela para observá-la.

Na planta, procurem onde está localizada a escola.

1 Localizem a rua ou a avenida onde está a escola e escrevam o nome dela.

_____
_____

2 Em que bairro a escola está localizada?

_____
_____

3 Quais são os bairros vizinhos ao bairro da escola?

_____
_____

4 Em que direção cada um desses bairros está localizado, tendo a escola como ponto de referência?

_____
_____
_____
_____

5 Na planta, escolha localidades importantes do município e indique suas respectivas direções, considerando a escola como referência.

_____
_____
_____
_____

6 Com base na planta do seu município, elabore um mapa do caminho que você faz de sua casa até a escola. Anote o nome das principais ruas e avenidas desse caminho.

Trajeto: _____

Assinatura: _____ Data: ____/____/____

4 Os mapas ao longo do tempo

Desafio à vista!

De que modo a produção de mapas mudou ao longo do tempo?

Desde os tempos mais antigos, as pessoas representam o espaço.

Alguns mapas foram criados há vários séculos, antes mesmo da invenção do papel.

Observe estes mapas.

Mapa de argila, século VI antes de Cristo. Esse mapa representa a região entre os rios Tigre e Eufrates, em áreas que atualmente correspondem ao Iraque.

Mapa portulano* do Mar Mediterrâneo, de Jean-François Roussin, 1673. Esse mapa era utilizado pelos navegadores durante a travessia de oceanos e mares.

O mapa ao lado, chamado de *Terra Brasilis*, é considerado o primeiro mapa a representar as terras que mais tarde formariam o território brasileiro.

Esse mapa apresenta algumas **iluminuras**, que são desenhos de elementos da paisagem e retratam o cotidiano da época, além de servir para enfeitar o mapa.

Mapa *Terra Brasilis*, de Lopo Homem, 1515-1519.

1 Quais elementos da paisagem vocês identificam no mapa acima?

_____
_____
_____

2 Que atividades as pessoas representadas no mapa estão realizando?

_____
_____
_____

3 O que mais chamou a atenção de vocês ao observar essa representação?

_____
_____
_____

27

Observe, nos mapas a seguir, o modo como as terras foram sendo representadas ao longo do tempo.

Planisfério de Cantino, de 1502.

Planisfério de Antônio Sanches, de 1623.

4 Quais diferenças vocês observam entre os mapas 1 e 2?

_____
_____
_____
_____

Atualmente, os mapas são elaborados mediante a utilização das mais variadas tecnologias e recursos, como computadores, fotos aéreas e imagens de satélite e de radar. Diversos profissionais especializados em diferentes áreas do conhecimento trabalham na elaboração desses mapas.

Observe um planisfério atual.

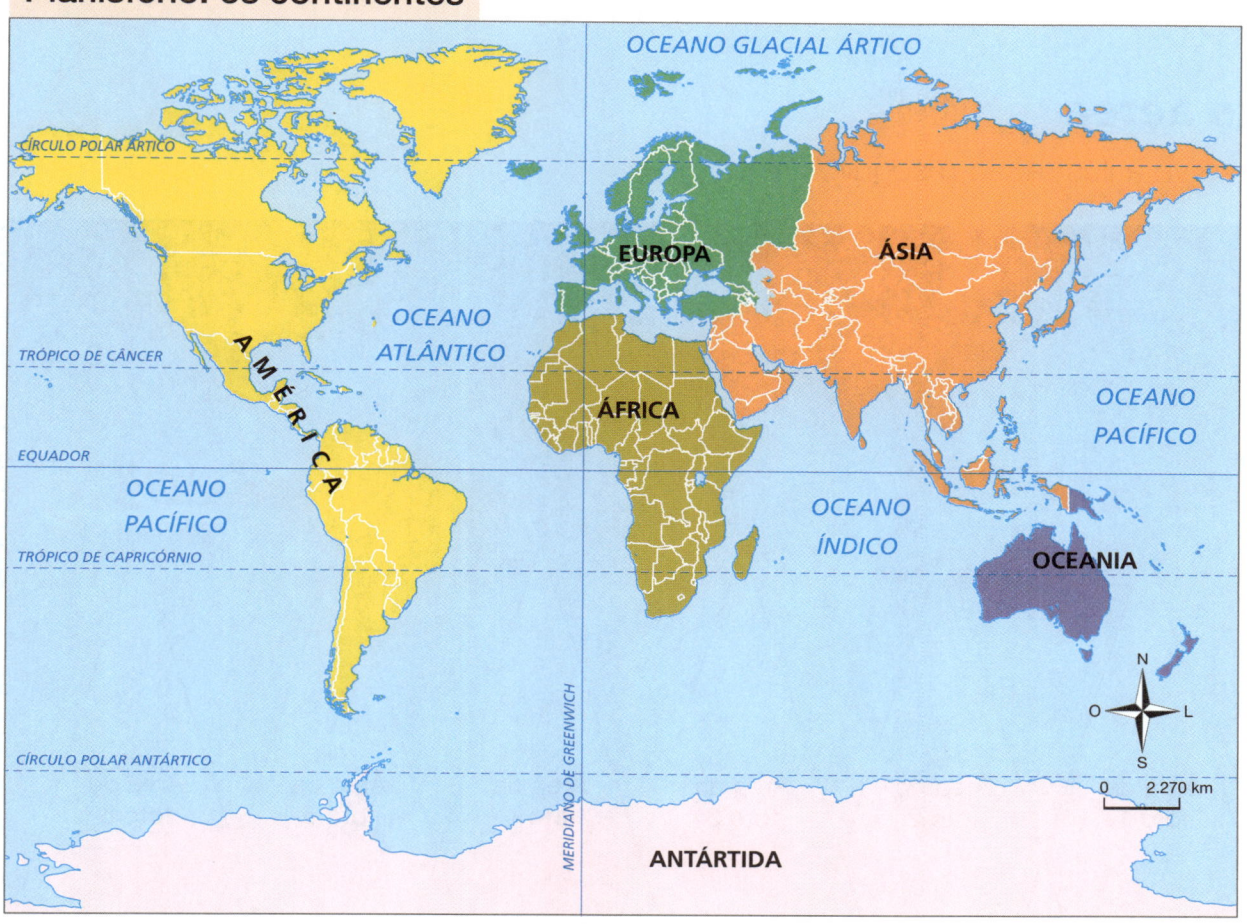

Fonte: IBGE. *Atlas geográfico escolar*. 6. ed. Rio de Janeiro: IBGE, 2012.

5 Quais diferenças você observa entre o planisfério de Antônio Sanches, representado na página anterior, e o planisfério atual?

_____

_____

Você sabia?

O globo terrestre também é uma forma de representação da Terra. Essa é a representação que mais se aproxima da forma real do nosso planeta.

5 Tecnologia usada na produção de mapas

As fotos aéreas em visão vertical e as imagens de satélite são obtidas a distância da superfície terrestre. Essas imagens são muito úteis na elaboração dos mapas. Elas possibilitam detectar o modo como as sociedades organizam o espaço geográfico.

A foto aérea

Observe a ilustração a seguir.

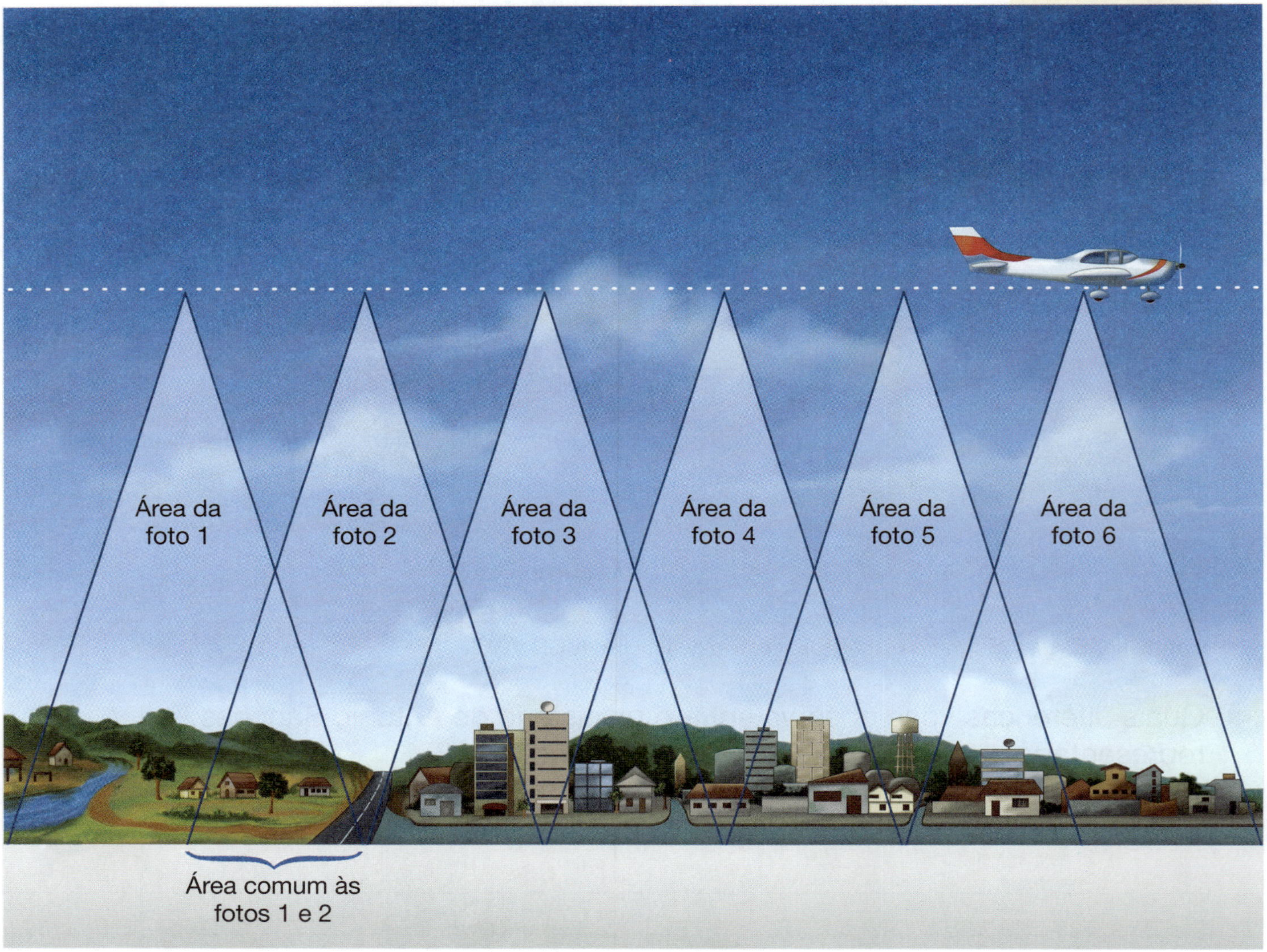

Instalada em um avião, uma câmera especial tira uma sequência de fotos. Cada foto apresenta uma área comum à foto anterior e à foto seguinte.

Depois, durante a análise das imagens, as fotos são sobrepostas para fornecer uma visão completa do terreno a ser mapeado. Também é possível instalar essas câmeras fotográficas em balões ou em helicópteros.

Observe a foto a seguir.

Como representar?

Objeto digital
• Audiovisual: *Representação do espaço geográfico*

Vista aérea do Parque da Independência e de seu entorno, no município de São Paulo, estado de São Paulo, em 2010.

Agora, observe a planta feita com base nessa foto.

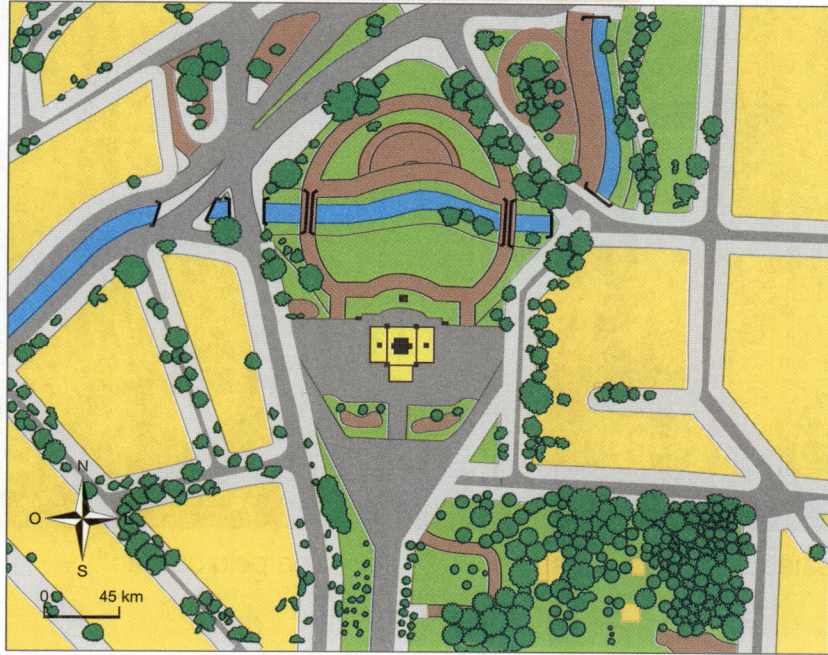

Planta do Parque da Independência e de seu entorno, no município de São Paulo, feita com base na foto aérea vertical.

1. Com base na planta e na legenda, elabore uma questão sobre os elementos dessa paisagem para um colega responder.

_____

_____

A imagem de satélite

As imagens de satélite são geradas por satélites artificiais* e podem ser utilizadas para elaborar mapas. Os satélites são lançados no espaço para captar imagens da superfície terrestre. Depois, essas imagens são enviadas às estações receptoras, instaladas em diversos locais da Terra.

Satélite de observação da Terra.

Imagem do município de Dourados, no estado de Mato Grosso do Sul, produzida pelo satélite CNES/Astrium, em 7 de abril de 2014.

2. Quais elementos da paisagem vocês identificam ao observar a imagem acima?

_____
_____
_____

Ligando os pontos

1 Como você estudou, as tecnologias utilizadas atualmente para a elaboração de mapas não existiam antigamente. Pesquise em livros, revistas e na internet o modo como os mapas eram produzidos no passado. Você também pode conversar com o professor sobre o assunto. Anote suas conclusões e apresente-as aos colegas.

Objeto digital
• Atividade interativa

_____
_____
_____
_____
_____
_____
_____
_____
_____
_____

2 Além dos mapas, de que outras maneiras o espaço geográfico pode ser representado?

_____
_____
_____
_____
_____

6 As medidas e os mapas

Representar o espaço geográfico em uma folha de papel não é uma tarefa simples. Para isso, é preciso reduzir o espaço a ser representado de modo proporcional.

Observe as fotos a seguir.

Desafio à vista!

Como descobrir a distância entre municípios utilizando um mapa?

Vista do Parque Ibirapuera no município de São Paulo, estado de São Paulo, em 2012.

Vista do entorno do Parque Ibirapuera, em 2012.

1 Qual foto foi tirada mais próxima do parque?

☐ Foto 1   ☐ Foto 2

2 Qual foto apresenta mais detalhes do parque?

☐ Foto 1   ☐ Foto 2

Para compreender como um país, um estado, um município ou um bairro podem ser representados de modo proporcional em uma folha de papel, que tal realizar uma atividade?

Você vai representar a sua sala de aula em uma folha de papel.

- Com uma fita métrica, você e seus colegas vão medir a largura e o comprimento da sala de aula. Vocês medirão também a porta e a janela. Anotem as medidas no quadro a seguir.

Medidas reais (em metros)		
	Comprimento	Largura
Sala de aula		
Porta		
Janela		

- Para representar a sala de aula na folha de papel, será preciso reduzir proporcionalmente o tamanho da sala. Considerem que cada metro (m) da sala de aula no tamanho real corresponde a 1 centímetro (cm) na representação feita no papel. Anotem as medidas que correspondem às medidas reais da sala de aula no quadro a seguir.

Medidas que correspondem às medidas reais (em centímetros)		
	Comprimento	Largura
Sala de aula		
Porta		
Janela		

Cartografando

1 Na malha quadriculada a seguir, represente sua sala de aula utilizando as medidas correspondentes às medidas reais da sala. Observe que cada lado dos quadradinhos da malha mede 1 centímetro.

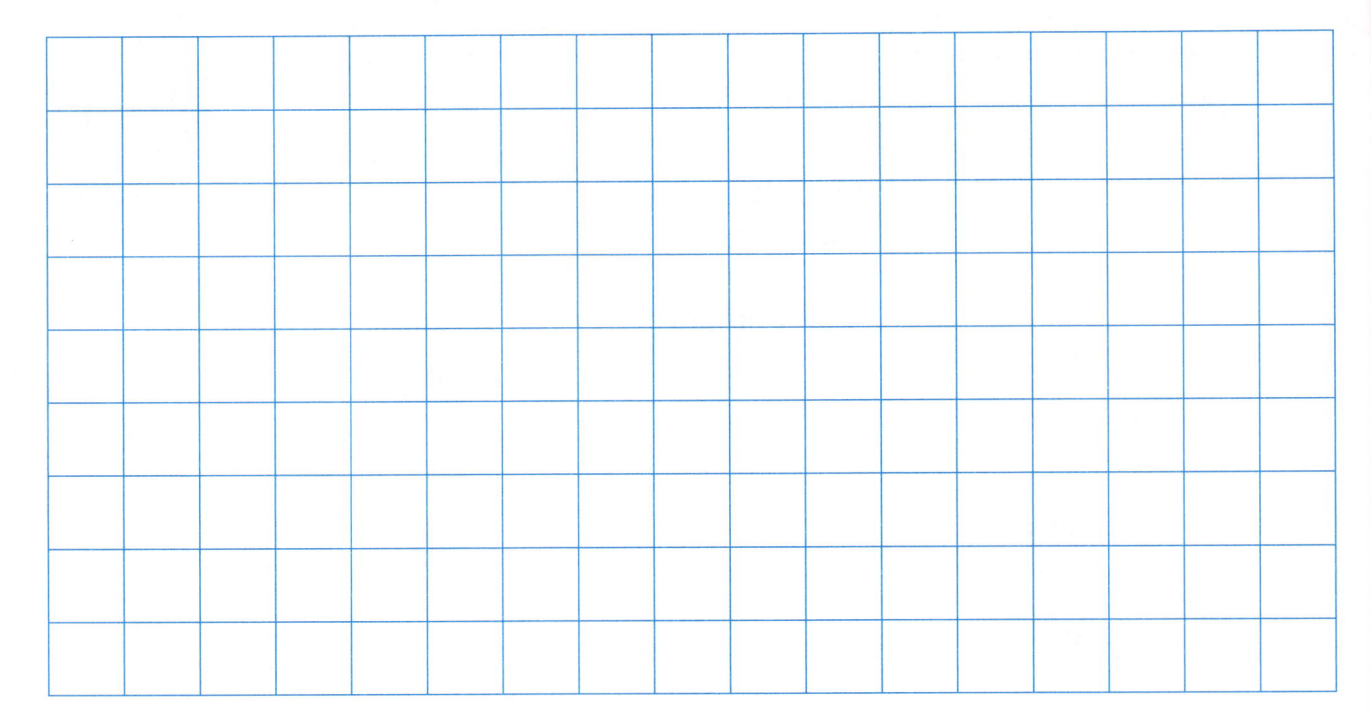

Como representar?

2 Escolha outro local de sua escola ou de sua casa para representar na malha quadriculada a seguir. Lembre-se de verificar o tamanho da malha antes de começar a atividade.

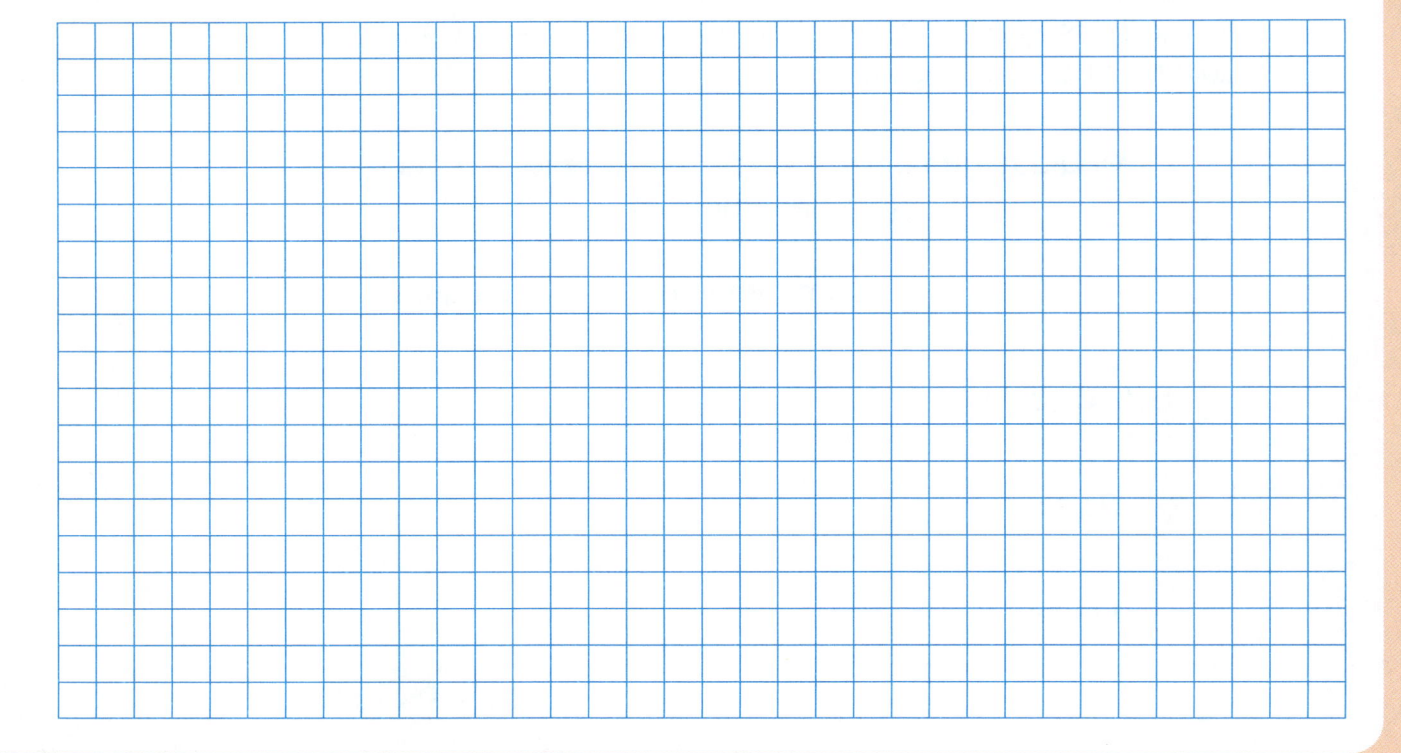

Escala

Você percebeu que, para representar a sua sala de aula no papel, foi necessário reduzir proporcionalmente o tamanho dela. É exatamente desse modo que um engenheiro ou um arquiteto faz para produzir a planta de uma casa ou de um edifício. Eles utilizam a escala. Também é dessa maneira que os geógrafos e cartógrafos fazem para produzir mapas.

Para elaborar plantas e mapas, utilizar a escala é fundamental. É por meio dela que se torna possível representar proporcionalmente um espaço de forma reduzida, como você fez com a sua sala de aula.

Por isso, pode-se afirmar que a escala indica quantas vezes o espaço real foi reduzido. Ela sempre deve ser indicada em mapas e em plantas. Veja como você pode indicar a escala da planta da sua sala de aula.

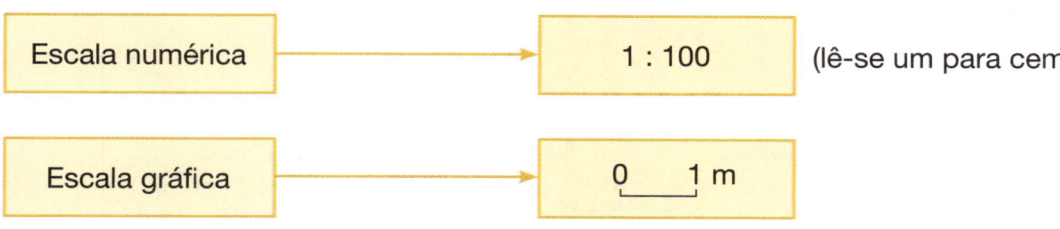

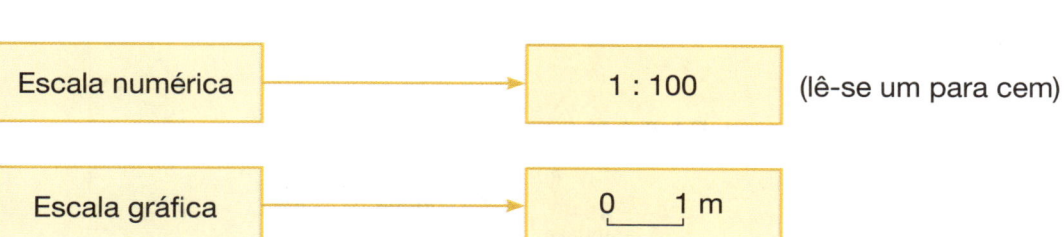

Escala numérica → 1 : 100 (lê-se um para cem)

Escala gráfica → 0 ⎯ 1 m

3 Em sua opinião, o que significa a escala 1 : 100?

_____

_____

4 A escala 1 : 100 indica que as medidas foram reduzidas quantas vezes?

_____

5 Nas escalas a seguir, a medida de 1 centímetro corresponde a qual valor no tamanho real?

0 ⎯ 10 m   _____

_____

0 ⎯ 230 km   _____

_____

0 ⎯ 1.200 km _____

_____

Ler mapas

Os mapas são representações reduzidas dos espaços. Os municípios, os estados, os países e os continentes podem ser representados no papel por meio da escala.

Os mapas são como textos, pois transmitem informações que precisam ser lidas e interpretadas. Eles apresentam determinados elementos que facilitam a sua leitura e interpretação. Veja, a seguir, quais são esses elementos.

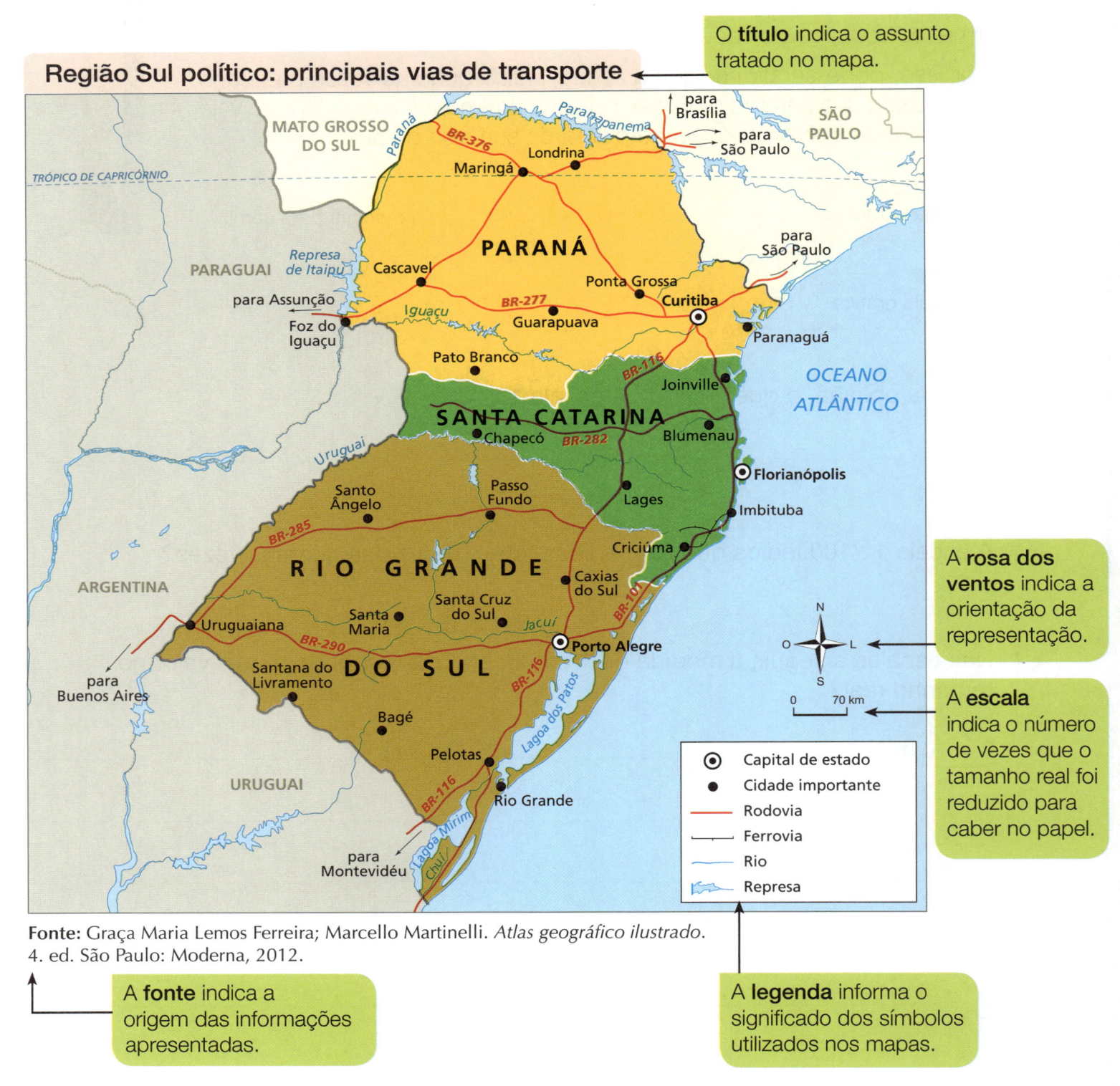

Região Sul político: principais vias de transporte

O **título** indica o assunto tratado no mapa.

A **rosa dos ventos** indica a orientação da representação.

A **escala** indica o número de vezes que o tamanho real foi reduzido para caber no papel.

A **legenda** informa o significado dos símbolos utilizados nos mapas.

Fonte: Graça Maria Lemos Ferreira; Marcello Martinelli. *Atlas geográfico ilustrado*. 4. ed. São Paulo: Moderna, 2012.

A **fonte** indica a origem das informações apresentadas.

As legendas são constituídas de símbolos, também chamados de convenções cartográficas. Conheça alguns desses símbolos.

Símbolo em ponto	Símbolo em linha	Símbolo em área
⊙ Capital de estado	～ Rio	⌦ Represa
	── Rodovia	
• Cidade importante	─┼─ Ferrovia	

Cartografando

Leia o mapa da página anterior e responda.

a) Qual é o título do mapa?

_____

b) Qual é a escala do mapa? O que ela significa?

_____
_____

c) Leia a legenda e liste três elementos representados no mapa.

_____

d) Quais cidades são capitais de estado? Como você sabe?

_____
_____
_____

e) Liste três outras cidades representadas no mapa.

_____

f) Com base no mapa, elabore uma questão para um colega responder.

_____
_____

Pesquise

O livro que reúne diversos tipos de mapas é chamado de **atlas**.

1 Você já utilizou um atlas? Para quê? O que descobriu?

_____

_____

2 Consulte um atlas geográfico e procure saber o que os mapas a seguir representam.

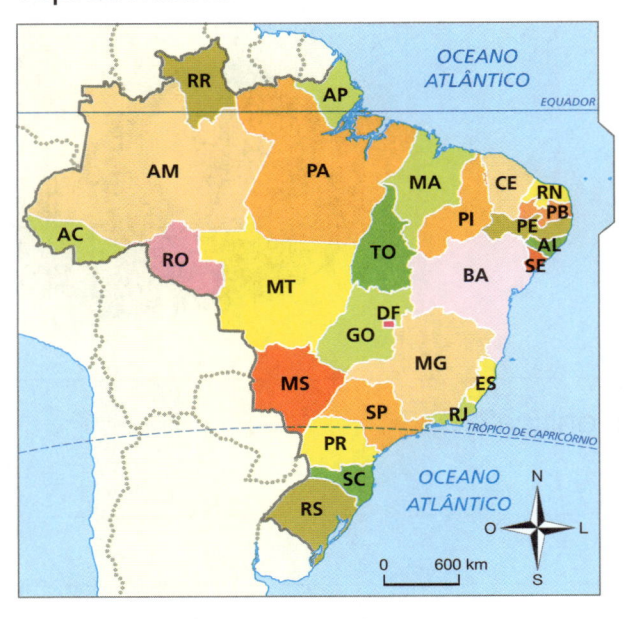

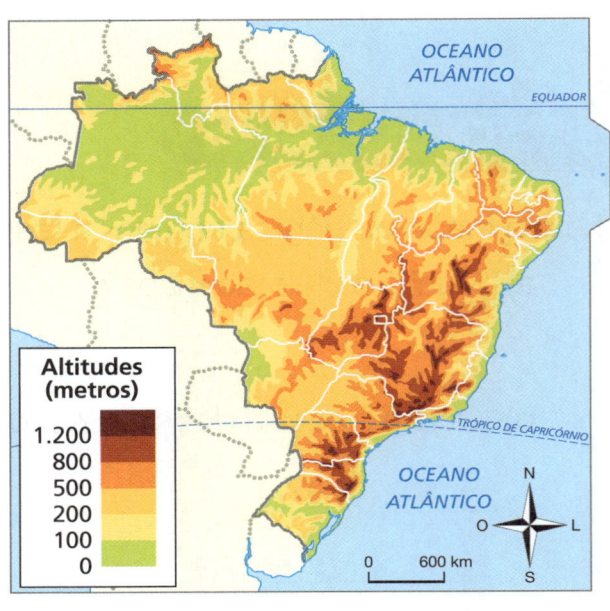

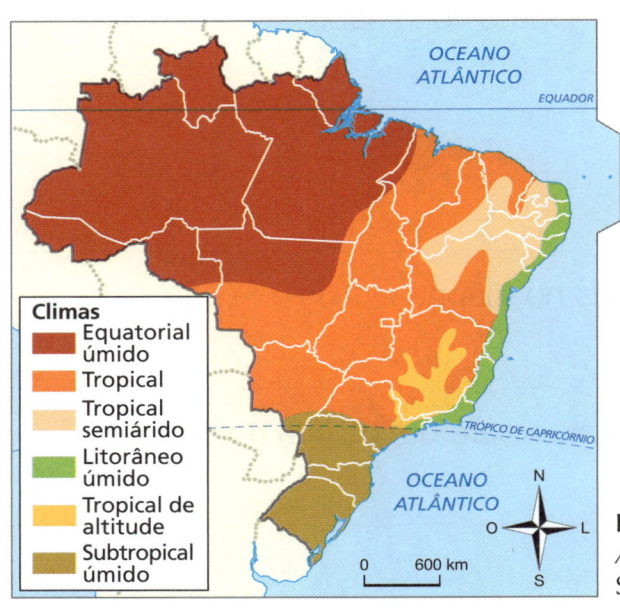

_____

_____

Fonte dos mapas: Graça Maria Lemos Ferreira. *Atlas geográfico:* espaço mundial. 4. ed. São Paulo: Moderna, 2013.

Ligando os pontos

Você aprendeu a reduzir proporcionalmente o tamanho de um espaço utilizando a escala. Agora, que tal considerar a escala para descobrir a distância entre os locais?

Observe o mapa.

Brasil: político

- ◉ Capital federal
- ⊙ Capital de estado

0 — 450 km

Fonte: IBGE. *Atlas geográfico escolar.* 6. ed. Rio de Janeiro: IBGE, 2012.

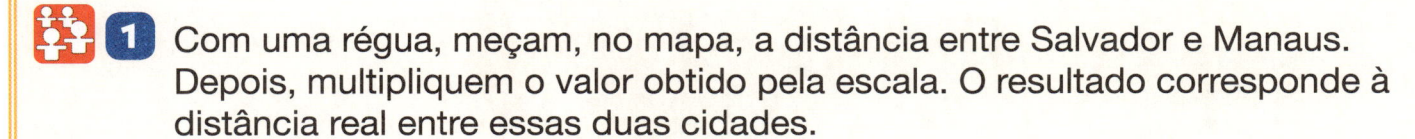

1 Com uma régua, meçam, no mapa, a distância entre Salvador e Manaus. Depois, multipliquem o valor obtido pela escala. O resultado corresponde à distância real entre essas duas cidades.

- Qual é a distância entre Salvador e Manaus, em quilômetros?

_____

2 Escolham três capitais de estado. Depois, calculem, em quilômetros, a distância delas até a capital do estado onde vocês vivem.

_____

_____

Refletindo mais

Limites de município

Ao viajar, você já deve ter observado que existem placas de sinalização ao longo das rodovias.

Qual é o significado da placa ao lado?

Essa placa indica o limite entre dois municípios, ou seja, mostra onde termina um município e começa outro.

Os limites dos municípios geralmente são indicados por meio de placas. Há limites de municípios que coincidem com algum elemento da paisagem, como um rio, uma serra, uma rodovia ou uma linha férrea.

Placa que indica o limite entre os municípios de Coronel Freitas e Quilombo, estado de Santa Catarina, em 2011.

1 Observe o mapa.

Município de Quilombo e entorno (Santa Catarina)

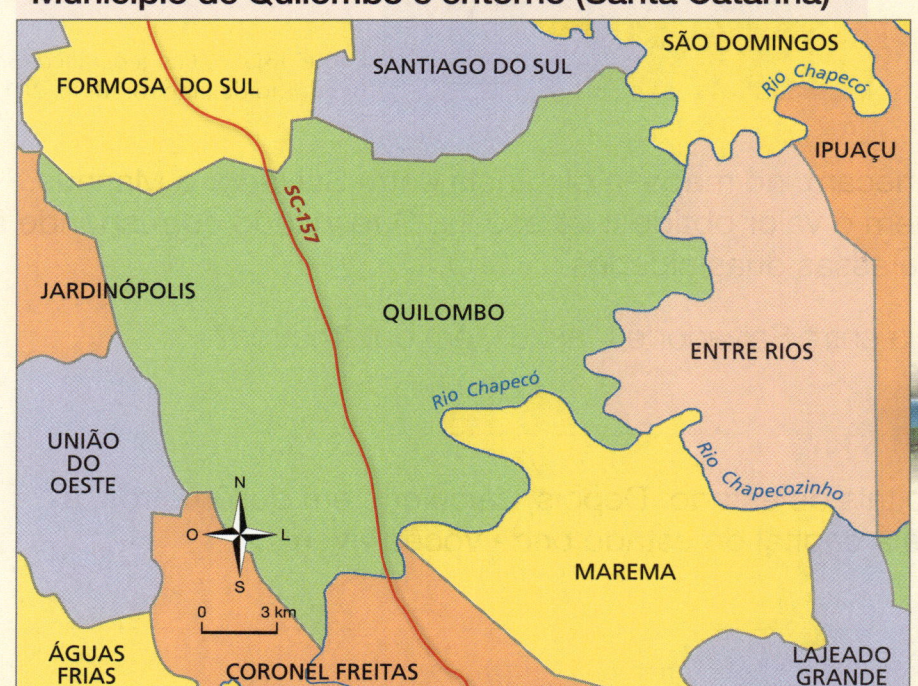

Fonte: IBGE. Disponível em: <http://mod.lk/mapasc>. Acesso em: 8 maio 2015.

a) O que o mapa mostra?

_____

b) De acordo com o mapa, que elemento natural serve de limite entre os municípios de Quilombo e Marema?

_____

c) De que maneira o limite entre os municípios de Quilombo e Marema foi representado no mapa?

_____

2 Observe este outro mapa e responda.

Município de Santa Isabel do Ivaí e entorno (Paraná)

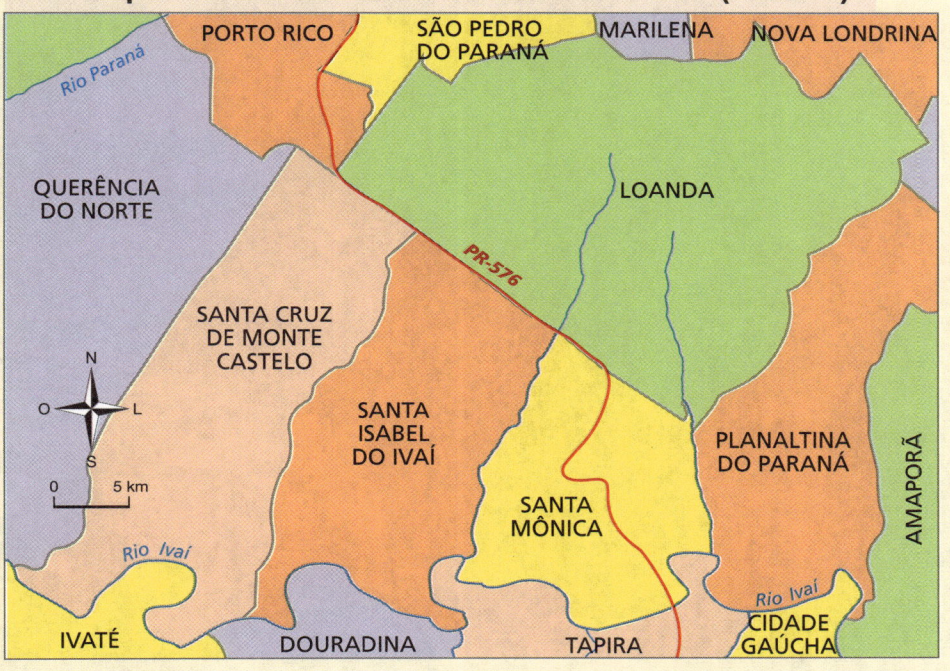

Fonte: IBGE. Disponível em: <http://mod.lk/mapapr>. Acesso em: 8 maio 2015.

- Que elemento construído pelo ser humano serve de limite entre os municípios de Santa Isabel do Ivaí e Loanda?

_____

3 Existe algum elemento em seu município que serve de limite entre dois municípios? Que elemento é esse?

_____

Unidade 2
O município: transformação e organização

Vista de parte do município de Petrópolis, no estado do Rio de Janeiro, em 2011.

Vista de parte do município de Petrópolis, estado do Rio de Janeiro, em 1870.

Primeiros contatos

1. Quais elementos da paisagem mais atual do município de Petrópolis chamam a sua atenção? E da paisagem de outros tempos?

2. O que você sabe sobre o município de Petrópolis, no estado do Rio de Janeiro?

7 A ocupação do espaço: ontem e hoje

Em sua opinião, como era a paisagem que os europeus avistaram ao chegar às terras brasileiras, em 1500?

Leia o texto.

Objeto digital
• Atividade interativa

Desafio à vista!

Como os espaços rural e urbano foram sendo ocupados ao longo do tempo?

A paisagem das terras brasileiras

Imagine-se na pele de um europeu que acaba de pisar na costa brasileira nos idos de 1500. À sua frente está uma floresta diferente de tudo o que você já viu. Árvores de todos os tamanhos, misturadas com orquídeas, cipós, samambaias, arbustos e ervas. No chão, sempre molhado, raízes e mudas disputam o espaço. Sem falar nos enxames de insetos, no barulho dos pássaros e dos sapos, nos cheiros fortes, nos répteis e mamíferos que aparecem a cada passo dentro da selva, assustadoramente escura – pois apenas uns poucos raios de luz conseguem furar a cobertura cerrada de folhas, galhos e flores.

Vista da mata atlântica no município de Porto Seguro, estado da Bahia, em 2012.

Maria Fernanda Vomero. A floresta que Cabral encontrou. Revista *Superinteressante*. São Paulo, n. 139a, abr. 1999. Edição especial.

1. Com base nas informações do texto e nos conhecimentos que você já adquiriu, imagine-se como um europeu que chegou à costa brasileira em 1500. Escreva uma carta para um colega relatando a sua chegada.

Lembre-se de contar na carta:

✔ como eram a vegetação e os animais que ocupavam o espaço;

✔ quem eram os habitantes desse espaço;

✔ como você foi recebido por esses habitantes;

✔ o que aconteceu após o seu encontro com eles.

Assinatura: _____ Data: ___/___/___

Um município pode ser formado por paisagens urbanas e paisagens rurais. Essas paisagens apresentam elementos distintos que nos revelam como o espaço foi transformado. Observe as fotos.

Paisagem urbana no município de Boa Vista, estado de Roraima, em 2012.

Paisagem rural no município de Boa Vista, estado de Roraima, em 2014.

2 Observe as fotos da página anterior. Em seguida, pinte os quadrados de acordo com a legenda abaixo.

◼ Paisagem urbana   ◼ Paisagem rural

☐ Construções próximas umas das outras.

☐ Áreas de cultivo e pastagens.

☐ Poucas construções.

☐ Muitas construções.

3 Quais outros elementos da paisagem você observa nas fotos da página anterior?

_____
_____
_____
_____

4 Qual é o nome do município onde você vive?

_____

5 No município onde você vive predomina o:

☐ espaço urbano.   ☐ espaço rural.

6 Quais são os principais elementos que você identifica na paisagem do município onde vive?

_____
_____
_____
_____
_____

Cartografando

Você aprendeu que os municípios podem ser formados por espaços rurais e por espaços urbanos. Vamos observar, por meio de mapas, exemplos da distribuição desses espaços em dois municípios.

Como representar?

1 Conheça o mapa de Coronel Anastácio, um município imaginário, e responda.

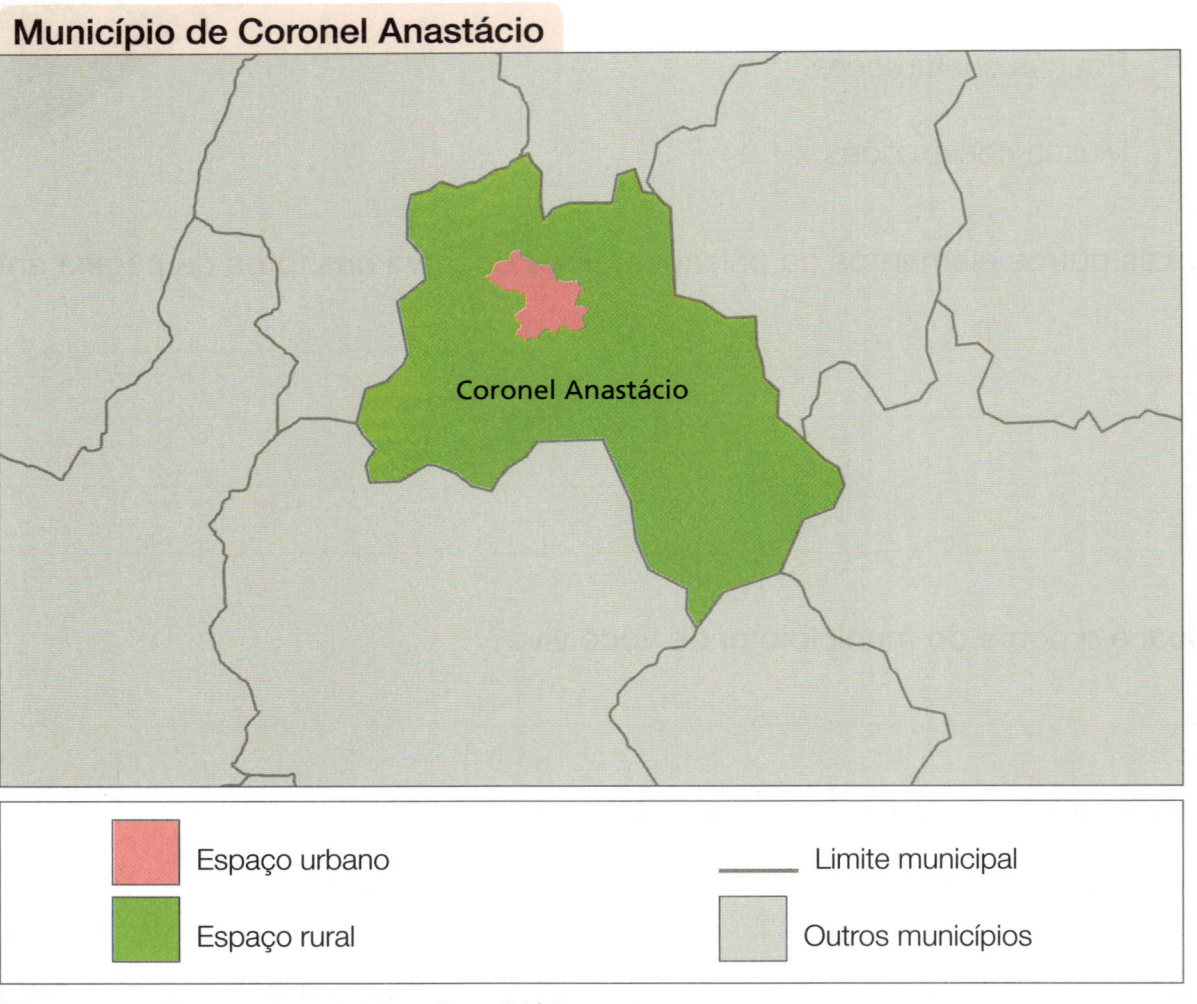

Município de Coronel Anastácio

- Espaço urbano
- Espaço rural
- ——— Limite municipal
- Outros municípios

Representação sem escala para fins didáticos.

a) Qual é o título do mapa?

_____

b) O que representa a área verde do mapa?

_____

c) No município de Coronel Anastácio predomina o espaço:

☐ rural. ☐ urbano.

50

2 Agora, conheça o mapa de Ribeirão Dourado, outro município imaginário, e responda.

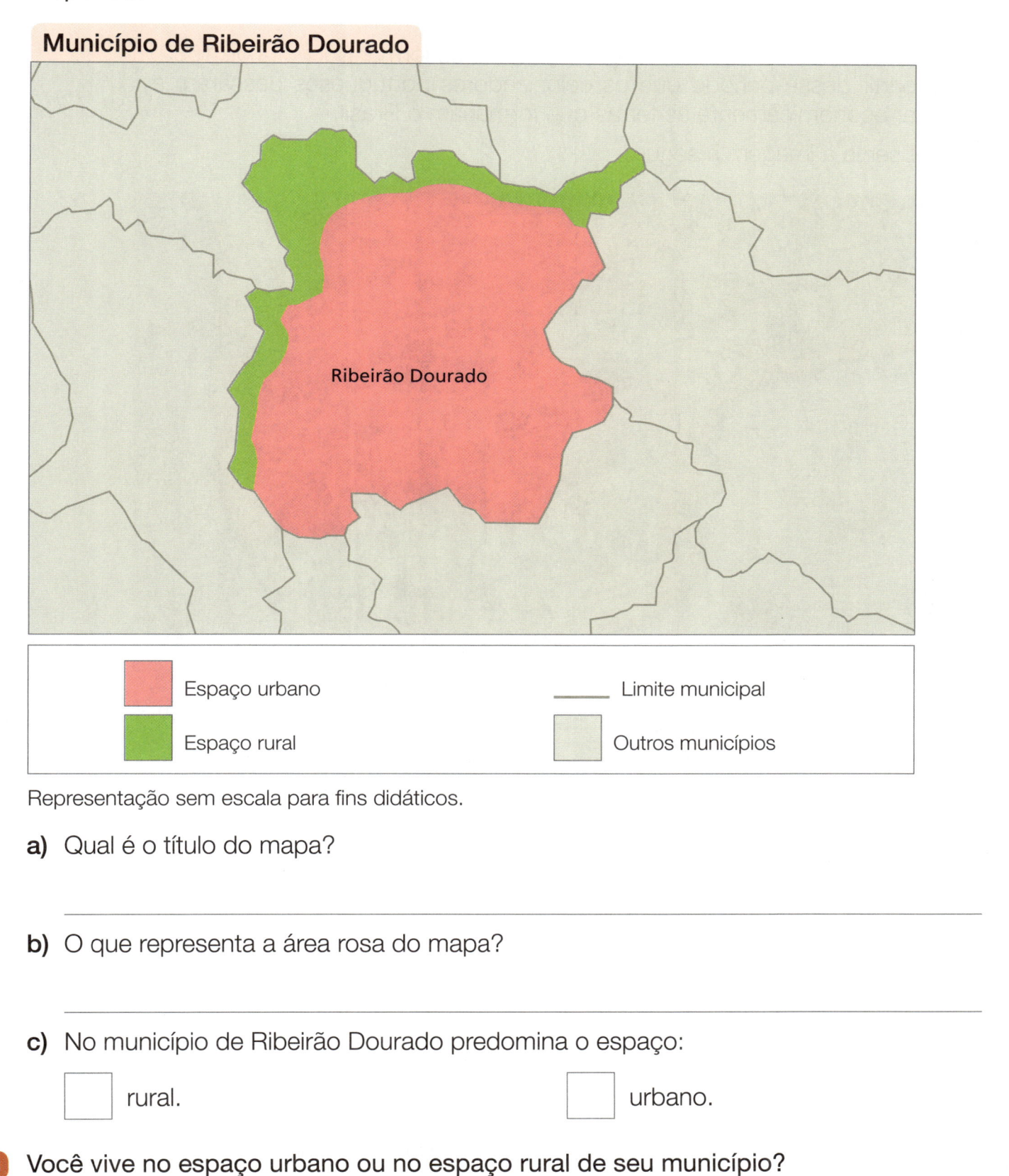

Município de Ribeirão Dourado

- ▢ Espaço urbano
- ▢ Espaço rural
- ─── Limite municipal
- ▢ Outros municípios

Representação sem escala para fins didáticos.

a) Qual é o título do mapa?

___

b) O que representa a área rosa do mapa?

___

c) No município de Ribeirão Dourado predomina o espaço:

☐ rural. ☐ urbano.

3 Você vive no espaço urbano ou no espaço rural de seu município?

___

8 A formação do espaço rural

No Brasil, os espaços rurais começaram a se formar por volta de 1530. Foi a partir desse período que os colonizadores portugueses passaram a explorar economicamente as terras que formariam o Brasil.

Observe a imagem a seguir.

Detalhe de *Mapa do Brasil*, de Giovanni Batista Ramusio e Giácomo Gastaldi, 1500.

1 A imagem retrata pessoas trabalhando. Quem são essas pessoas?

_____

2 Que atividade elas realizam?

_____

3 Em sua opinião, como era a rotina dessas pessoas antes da chegada dos portugueses?

4 E atualmente, como você imagina que é a rotina dos indígenas que vivem no Brasil? Converse com o professor e os colegas sobre isso e depois registre suas conclusões.

Os colonizadores portugueses foram se instalando em áreas que eram ocupadas pela mata atlântica, da qual extraíam uma árvore conhecida como pau-brasil. Aos poucos, a paisagem foi sendo bastante alterada.

Observe, nas imagens a seguir, outras atividades realizadas pelos colonizadores portugueses que modificaram a paisagem.

A monocultura* da cana-de-açúcar desenvolveu-se entre os séculos XVI e XVII. O açúcar produzido nos engenhos, com mão de obra escrava, era exportado para a Europa.

Extração de diamantes, de Carlos Julião, cerca de 1770.

O trabalho nas minas de ouro e de diamante ocorreu ao longo do século XVII e também era realizado com mão de obra escrava.

Moinho de açúcar, de Johann Moritz Rugendas, cerca de 1835.

Com a prática da pecuária, era possível obter animais para o trabalho nos engenhos e para o transporte de mercadorias, principalmente.

Escravo negro conduzindo tropas na província do Rio Grande, de Jean-Baptiste Debret, 1823.

53

Cartografando

1 Observe o mapa a seguir e responda.

Principais atividades econômicas no século XVI

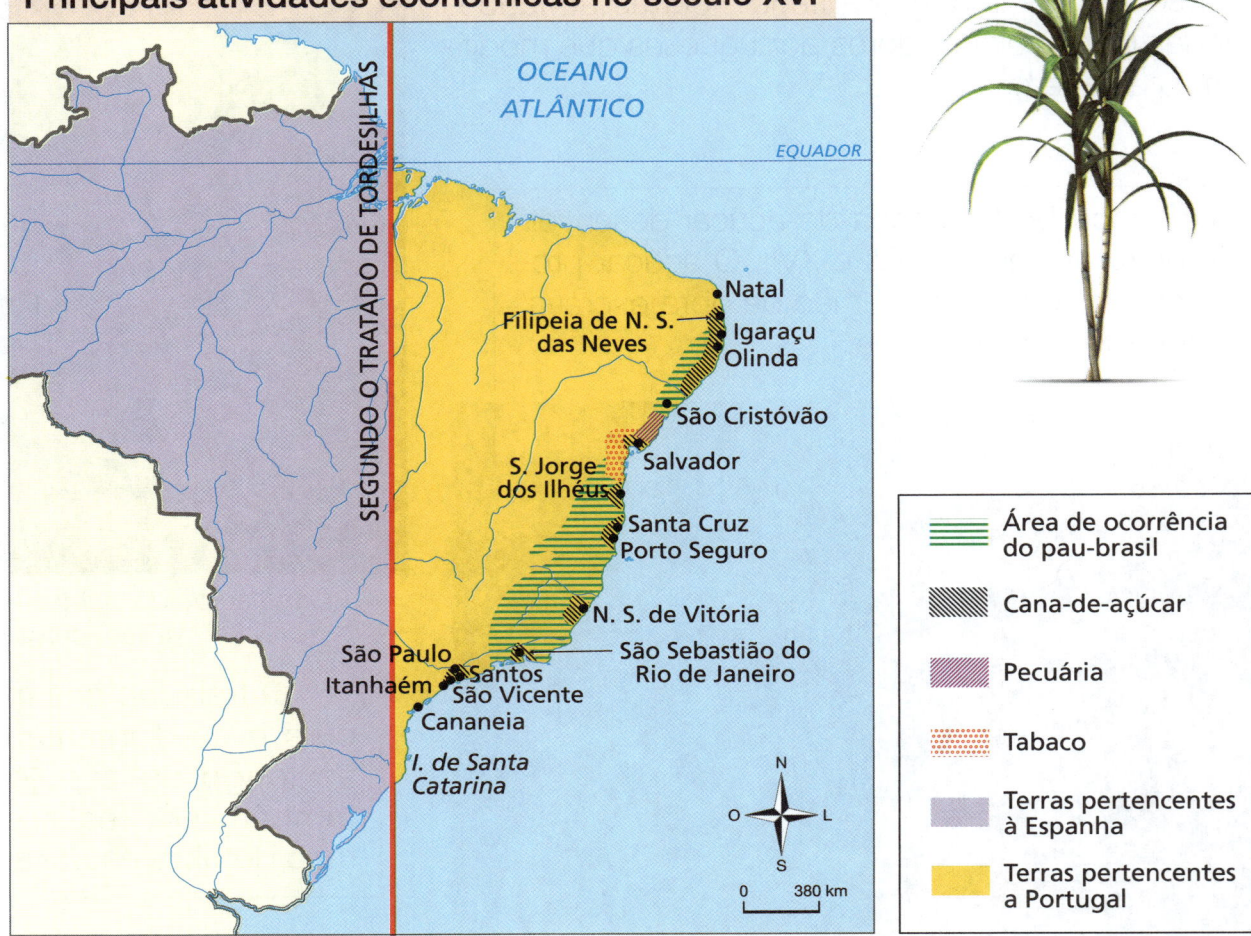

Fonte: M. M. Albuquerque et al. *Atlas histórico escolar*. 8. ed. Rio de Janeiro: MEC/FAE, 1991.

a) De acordo com o mapa, quais eram as principais atividades econômicas realizadas nas terras colonizadas pelos portugueses?

_____

b) Citem três locais onde se produzia cana-de-açúcar.

_____

_____

2 No mapa, a linha vermelha representa a linha do Tratado de Tordesilhas. Você sabe o que esse tratado estabelecia?

_____

_____

Você sabia?

Desde que se iniciou a formação dos espaços rurais no Brasil, extensas áreas de florestas foram desmatadas, alterando a paisagem natural.

O desmatamento é uma prática que continua a ocorrer até os dias atuais, em razão da exploração madeireira e da criação de novos espaços de atividade rural.

Com o passar dos anos, inúmeras transformações foram acontecendo nos espaços rurais do Brasil.

Atualmente, tem sido cada vez mais comum o uso de máquinas agrícolas e de produtos químicos nas plantações. De um lado, o uso dessas tecnologias tem contribuído para aumentar a produção agrícola. Mas, de outro, existem consequências, como os impactos ambientais e a redução dos postos de trabalho, gerando desemprego e forçando muitas pessoas a sair do campo em direção às cidades.

Parte da floresta foi derrubada para o plantio de cana-de-açúcar no município de Paragominas, estado do Pará, em 2014.

Máquina colhendo arroz no município de Douradina, estado do Paraná, em 2015.

9 A formação do espaço urbano

As primeiras vilas e cidades do Brasil foram criadas pelos colonizadores portugueses e se localizavam próximas ao litoral.

A primeira vila

A primeira vila criada nas terras que formariam o Brasil foi São Vicente, em 1532. Essa vila deu origem ao município de São Vicente, localizado no estado de São Paulo.

O crescimento inicial de São Vicente estava ligado à produção de cana-de-açúcar e à instalação de engenhos.

Observe uma obra de arte que retrata a fundação de São Vicente.

Fundação de São Vicente, de Benedito Calixto, 1900.

Agora, observe uma foto do atual município de São Vicente.

Vista do município de São Vicente, estado de São Paulo, em 2011.

1 Quanto tempo se passou entre o ano da fundação de São Vicente e o ano em que Benedito Calixto representou a fundação da vila? Como você sabe?

_____

_____

2 Quais transformações ocorreram na paisagem com relação:

a) às pessoas?

_____

_____

b) às construções?

_____

_____

c) à vegetação?

_____

_____

Você sabia?

Assim como outros municípios brasileiros, São Vicente conserva algumas construções antigas.

Atualmente, São Vicente é um município voltado ao comércio e ao turismo. Suas praias são visitadas por muitos turistas, principalmente no verão.

Biquinha de Anchieta no município de São Vicente, estado de São Paulo, em 2012. Construída em 1553, abasteceu de água a população de São Vicente durante séculos.

A primeira cidade

A primeira cidade criada nas terras que formariam o Brasil foi Salvador. Fundada por Tomé de Sousa, em 1549, Salvador foi a primeira capital do Brasil.

Observe a obra de arte que retrata Salvador no século XVII.

Urbs Salvador: intensidade do porto, obra anônima, sem data.

3 Complete com os elementos que podem ser observados em cada plano da paisagem de Salvador retratada na imagem acima.

a) Plano 1: _____

b) Plano 2: _____

c) Plano 3: _____

Cartografando

Este é um mapa turístico da atual cidade de Salvador.

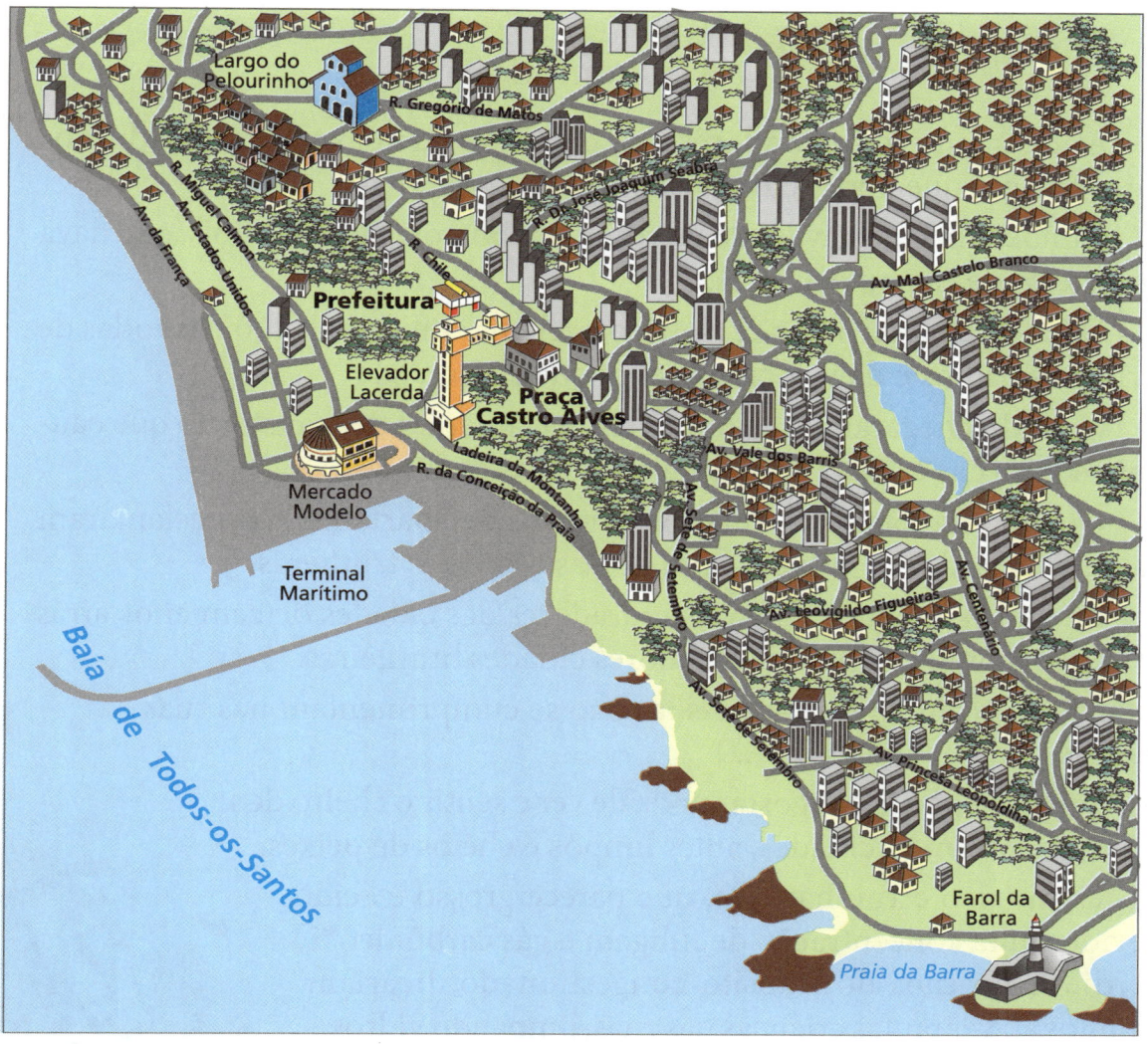

Fonte: *Mapa turístico Rota do Mar*. Salvador: Editel, ano 4, n. 15.

1 A baía* representada no mapa é a maior do Brasil. Qual é o nome dela?

_____

2 O Largo do Pelourinho está próximo ou distante do Farol da Barra?

_____

3 Quais vias interligam o Elevador Lacerda ao Farol da Barra?

_____
_____
_____

Você sabia?

No Brasil, as primeiras vilas e cidades surgiram no litoral. Mas, com o passar dos anos, outras vilas e cidades foram surgindo também no interior do país.

E tudo mudou

Antigamente os moradores das cidades reclamavam do chiado dos carros de boi que perturbava o silêncio.

Também não gostavam do estrume dos burros, cavalos e bois, que dava um cheiro de estábulo às ruas.

Quando chegou o bonde elétrico, reclamaram do barulho das rodas de ferro nos trilhos e da velocidade com que ele corria.

Quando chegaram os automóveis, reclamaram do transtorno que causavam nas ruas estreitas e de suas buzinas estridentes.

Quando fizeram os primeiros edifícios de apartamentos, reclamaram da falta de jardins e quintais com hortas e árvores frutíferas.

Imagina só o que diriam os moradores das cidades de cem anos atrás se vissem como estão hoje as maiores cidades brasileiras.

Iriam estranhar que as pessoas não se cumprimentam nas ruas porque não se conhecem. [...]

Também não iriam gostar nada de ver e sentir o cheiro dos rios que cortam as cidades, antes limpos e cheios de peixes.

Como não estranhar o ar, que parece grosso e ácido devido à alta concentração de fuligem e gás carbônico*? Perdidos no caos do trânsito congestionado, ficariam atônitos ao ver tantas crianças nas ruas, limpando vidros de carros, pedindo esmolas e vendendo balas.

Como explicar a essas pessoas do passado os fios de alta tensão, os cães ferozes e as grades de ferro que rodeiam as casas e os edifícios?

[...]

Mas uma grande novidade iria com certeza atrair nossos antepassados: os *shoppings*. Será que eles gostariam desses centros de comércio, serviços e lazer?

Rosicler Martins Rodrigues. *Cidades brasileiras*: do passado ao presente. 2. ed. São Paulo: Moderna, 2003. p. 36-37.

Ligando os pontos

Objeto digital
- Jogo: *Formação do espaço rural e urbano no Brasil*

Com o passar do tempo, as pessoas modificam as paisagens. Essas mudanças ocorrem, principalmente, em razão das atividades econômicas que são desenvolvidas no espaço rural e no espaço urbano.

1 Retome o conteúdo que você estudou e responda.
- O que mais chamou a sua atenção ao estudar a ocupação e a transformação dos espaços rural e urbano no Brasil?

2 Sigam as orientações e avaliem as transformações nas paisagens do município onde vocês vivem.
- Inicialmente, o professor organizará a classe em três grupos. Cada grupo ficará responsável por um tema, de acordo com o quadro a seguir. Lembrem-se de pesquisar informações sobre as características das paisagens rurais e urbanas do município onde vocês vivem.

Grupo 1	A história do município: sua origem e data de fundação.
Grupo 2	Paisagens do município no passado.
Grupo 3	Paisagens do município atualmente.

- Conversem com pessoas mais velhas, pesquisem em livros ou na internet e busquem imagens que ilustrem o tema destinado a seu grupo.
- Cada grupo deve organizar cartazes com as informações e as imagens. Lembrem-se de inserir legendas nas imagens.
- Apresentem os cartazes aos colegas e ao professor. Os cartazes farão parte de uma exposição na sala de aula.

10 A organização do espaço rural

Desafio à vista!

Como os espaços rural e urbano dos municípios são organizados atualmente?

O espaço rural apresenta diferentes paisagens. Isso acontece porque as pessoas utilizam e organizam esse espaço de diversos modos.

Ao observar as paisagens do espaço rural de um município, podemos identificar as atividades que são desenvolvidas e saber como esse espaço está organizado.

Observe a foto.

Propriedade rural no município de Cascavel, estado do Paraná, em 2015.

1. Quais elementos da paisagem vocês observam em cada plano da imagem acima?

a) Plano 1: _____

b) Plano 2: _____

c) Plano 3: _____

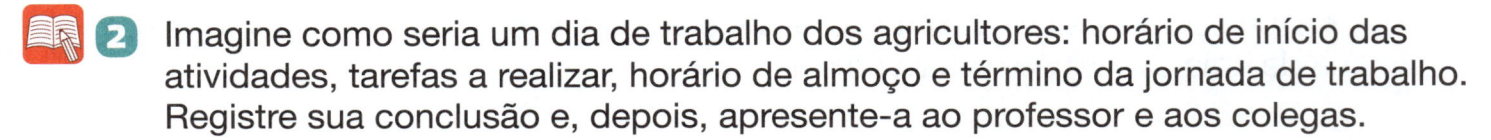

2. Imagine como seria um dia de trabalho dos agricultores: horário de início das atividades, tarefas a realizar, horário de almoço e término da jornada de trabalho. Registre sua conclusão e, depois, apresente-a ao professor e aos colegas.

3 Observe esta outra foto.

Propriedade rural no município de Miranda, estado de Mato Grosso do Sul, em 2014.

- Trace na foto, de vermelho, os planos da paisagem.

4 Na foto acima, quais elementos da paisagem você observa em cada plano?

_____
_____
_____
_____
_____

5 A foto desta página e a da página anterior mostram duas atividades realizadas no espaço rural. Identifique cada atividade.

_____
_____
_____
_____

O espaço rural atualmente e a distribuição das terras

Atualmente, o espaço rural brasileiro é ocupado, em sua maior parte, por grandes propriedades chamadas **latifúndios**. Esses latifúndios pertencem a poucas pessoas.

Latifúndio

- **O que é?**
  Grande propriedade rural. Muitas vezes pouco aproveitada ou não utilizada.

- **Onde ocorre?**
  Em quase todos os municípios brasileiros.

- **Quem trabalha?**
  Empregados fixos e outros que só trabalham em alguns períodos do ano, como nas épocas de plantio e de colheita.

- **O que produz?**
  Em geral, apenas um tipo de produto.

Colheita mecanizada de algodão em grande propriedade no município de Chapadão do Sul, estado de Mato Grosso do Sul, em 2014.

Área de pastagem no município de São José do Norte, estado do Rio Grande do Sul, em 2014.

A menor parte do espaço rural brasileiro é ocupada por pequenas propriedades chamadas **minifúndios**. Porém, a maior parte da população rural do Brasil vive em minifúndios.

Minifúndio

- **O que é?**
Pequena propriedade rural.

- **Onde ocorre?**
Em quase todos os municípios brasileiros.

- **Quem trabalha?**
A família do proprietário e, em alguns casos, outros trabalhadores empregados.

- **O que produz?**
Geralmente, alimentos variados para o próprio consumo e para o abastecimento da população que vive nas cidades.

Agricultor prepara a terra com arado de tração animal, em pequena propriedade rural no município de São José dos Campos, estado de São Paulo, em 2012.

Agricultores trabalham na produção de hortaliças em pequena propriedade rural, no município de Sidrolândia, estado de Mato Grosso do Sul, em 2013.

6 Pesquise e leve para a sala de aula notícias sobre o espaço rural. Podem ser notícias relacionadas ao trabalho rural ou à distribuição de terras. Você poderá encontrá-las assistindo a noticiários de TV, ouvindo rádio, lendo jornais ou revistas ou pesquisando na internet.

- Apresente as notícias que você selecionou ao professor e aos colegas.

11 A organização do espaço urbano

À medida que as pessoas vão desenvolvendo seu modo de vida, a organização do espaço urbano passa por mudanças, que podem ser constatadas na paisagem.

Observe as imagens a seguir. Elas mostram a transformação da paisagem do Rio de Janeiro ao longo do tempo.

Praça XV de Novembro, Rio de Janeiro, em 1620.

Praça XV de Novembro, Rio de Janeiro, em 1840.

Praça XV de Novembro, Rio de Janeiro, em 1911.

4

Praça XV de Novembro, Rio de Janeiro, em 2010.

1 Quais transformações ocorreram, ao longo do tempo, na paisagem do local mostrado nas imagens?

_____
_____
_____

Objeto digital
• Atividade interativa

2 Quais elementos da paisagem permaneceram em todas as imagens?

_____
_____
_____

Cidades espontâneas e cidades planejadas

A maioria das cidades brasileiras é considerada **cidade espontânea**. Normalmente, as cidades espontâneas se formaram a partir de um núcleo central, como uma praça ou uma igreja. A partir desse núcleo, essas cidades crescem e se desenvolvem sem seguir um planejamento ordenado.

Outras cidades, porém, são consideradas **cidades planejadas**. Em geral, a criação das cidades planejadas segue um plano que determina o traçado de ruas, avenidas, praças e as atividades existentes em cada bairro da cidade.

Observe as fotos a seguir.

A cidade de Palmas, no estado do Tocantins, se originou de forma planejada. Foto de 2013.

Objeto digital
- Audiovisual: *Cidades brasileiras: espontâneas e planejadas*

A cidade de Santo André, no estado de São Paulo, se originou de forma espontânea. Foto de 2013.

Cartografando

Vamos ver, agora, quais informações você pode obter sobre a organização de parte da cidade de Porto Alegre, no estado do Rio Grande do Sul. Observe a planta a seguir.

Como localizar?

Parte da cidade de Porto Alegre

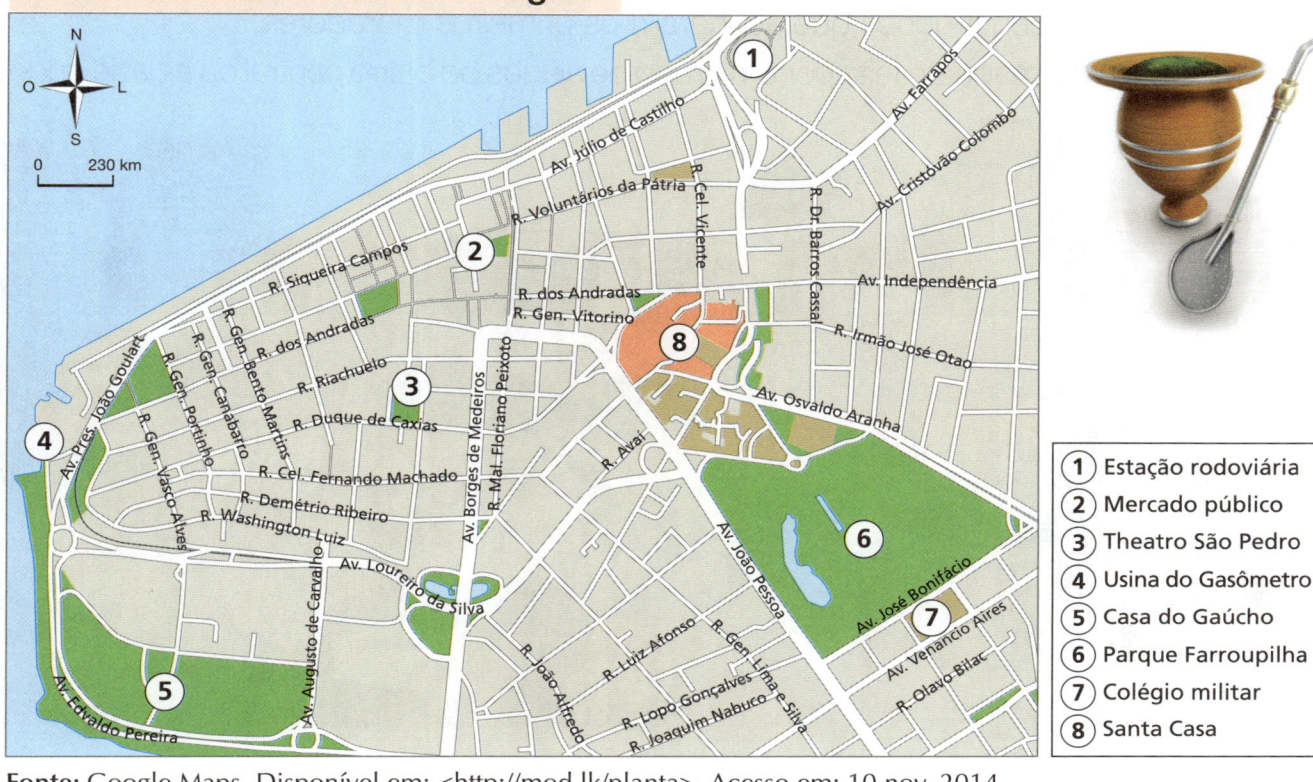

1. Estação rodoviária
2. Mercado público
3. Theatro São Pedro
4. Usina do Gasômetro
5. Casa do Gaúcho
6. Parque Farroupilha
7. Colégio militar
8. Santa Casa

Fonte: Google Maps. Disponível em: <http://mod.lk/planta>. Acesso em: 10 nov. 2014.

1 Qual é o título da planta?

_____

2 O que a legenda informa?

_____

3 Que trajeto você faria do Parque Farroupilha até a Casa do Gaúcho?

_____

_____

_____

4 Que informações você obteve por meio da leitura da planta? Para entender melhor a organização de parte da cidade de Porto Alegre, o que você precisou fazer?

Estudo do meio

O centro da cidade

Você já deve ter percebido que no centro de uma cidade existe um pouco de tudo: comércio, hospital, cinema, praça... Essa é uma das características do bairro central e isso ocorre porque, de modo geral, é a partir dele que os municípios se expandem.

No centro, é possível encontrar informações sobre a história do município, pois nesse local estão as construções que abrigaram os primeiros moradores.

Observe a maquete feita por um grupo de alunos do bairro central da cidade onde moram.

1 Quais elementos da paisagem foram mostrados nessa maquete? Criem símbolos para representar alguns deles.

Hospital

2 O professor vai orientá-los em uma atividade de visita ao bairro central da cidade.

a) Desenhe o caminho que você percorreu da escola ou de casa até o centro da cidade e os elementos da paisagem que você observou nesse caminho.

b) Depois da visita, todos contribuirão para a criação de uma única maquete do bairro central da cidade.

Ligando os pontos

1. Complete a cruzadinha a seguir com características relacionadas à organização dos espaços rural ou urbano de um município.

   1. Grande propriedade rural.
   2. Pequena propriedade rural.
   3. Cidade que se originou com base em um plano.
   4. Cidade que não se originou com base em um plano.
   5. Bairro a partir do qual o município se expande.

2. Procure informações sobre a organização dos espaços rural e urbano do município onde você vive e responda às questões a seguir.

   a) No espaço rural do seu município predominam propriedades de qual tamanho?

   ☐ Pequenas   ☐ Médias   ☐ Grandes

   b) De que forma se originou o espaço urbano do seu município?

   ☐ Planejada   ☐ Espontânea

12. A administração do município

Todo município é administrado por um grupo de pessoas. Cada uma delas tem uma função específica.

O prefeito é a pessoa que tem o cargo mais importante. Por meio de eleições, os habitantes do município elegem o representante que assumirá o comando da Prefeitura Municipal.

Com os secretários municipais, o prefeito tem a tarefa de cuidar das áreas de educação, saúde e de tudo que se refere ao bem-estar da população do município.

Os vereadores também têm uma função importante no município. Assim como o prefeito, os vereadores são escolhidos a partir do voto dos habitantes durante as eleições municipais.

Na Câmara Municipal, são os vereadores que fiscalizam o trabalho do prefeito. Eles criam e modificam leis relativas à organização do município.

Desafio à vista!

Você sabe quem tem a função de cuidar e de administrar o município onde você vive?

Prefeitura Municipal de Guaxupé, no estado de Minas Gerais, em 2013.

Câmara Municipal de São Paulo, estado de São Paulo, em 2014.

1 Com a ajuda do professor, procure informações para responder as atividades relacionadas ao município onde você vive.

a) Qual é o endereço da Prefeitura Municipal?

_____

b) Quantas secretarias municipais existem no município? _____

c) Escreva o nome das secretarias municipais que você considera muito importantes.

_____
_____
_____

d) Qual é o endereço da Câmara Municipal?

_____

e) Quantos vereadores são eleitos para a Câmara Municipal? _____

2 Você acha importante que prefeitos e vereadores de um município sejam escolhidos por meio do voto? Por quê?

_____
_____
_____

Você sabia?

No Brasil, a eleição para prefeitos e vereadores ocorre a cada quatro anos. O voto é obrigatório para todas as pessoas com idade de 18 a 70 anos. Já para as pessoas com 16 ou 17 anos ou com mais de 70 anos, assim como as pessoas analfabetas, o voto é opcional.

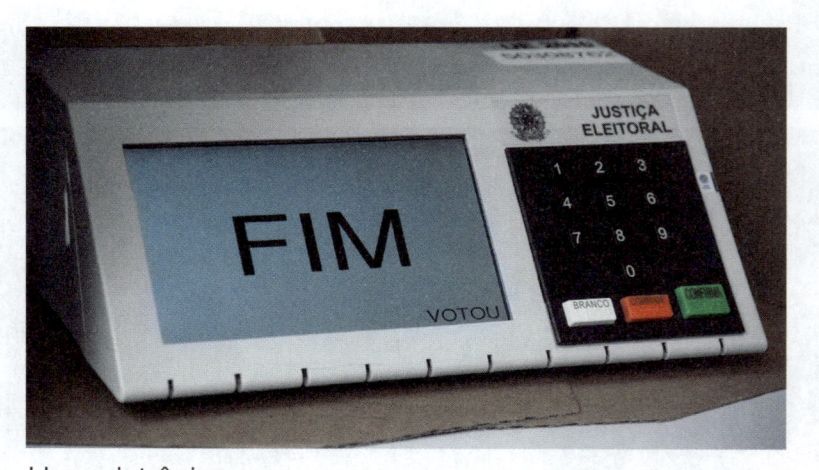

Urna eletrônica.

Ligando os pontos

Vamos promover uma eleição para a escolha do novo prefeito do município? O desafio é que os candidatos e eleitores só podem ser crianças. Siga as orientações para organizar a eleição.

- O professor vai ajudar a organizar a classe em grupos.
- Cada grupo vai se reunir e decidir a pessoa que será candidata para o cargo de prefeito, bem como o nome do partido ao qual ela pertence.
- Os demais integrantes do grupo devem criar projetos que favoreçam a população do município onde vivem, como se fossem secretários municipais.
- O grupo vai pesquisar e formar um plano de governo, indicando cinco ações principais que gostariam de realizar nos espaços rural e urbano do município.
- Cada grupo deve elaborar alguns cartazes ou um vídeo explicando essas cinco propostas de ações.
- Organizem uma apresentação das propostas para outra classe da escola.
- Depois da apresentação, realizem a votação. Os votos devem ser secretos, depositados em uma urna, e a apuração deverá ser supervisionada pelo professor.
- Após a escolha do novo prefeito, anotem no quadro a seguir as cinco propostas de ações a serem realizadas por ele, à frente de seu novo posto.

Nome do prefeito eleito: _____

Partido: _____

	Propostas de ações a serem realizadas
1	
2	
3	
4	
5	

Refletindo mais

Mudanças acontecem!

Como você estudou, as paisagens se transformam ao longo do tempo, tanto no espaço urbano como no espaço rural.

Leia o texto a seguir.

Memória

Há pouco tempo atrás,
aqui havia uma padaria.
Pronto – não há mais.

Há pouco tempo atrás,
aqui havia uma casa,
cheia de cantos, recantos,
corredores impregnados
de infância e encanto.
Pronto – não há mais.

Uma farmácia, uma quitanda.
Pronto – não há mais.

A cidade destrói, constrói,
reconstrói.
Uma árvore, um bosque.
Pronto – nunca mais.

Roseana Murray. *Paisagens*. 2. ed. Belo Horizonte: Lê, 2005. p. 29.

Vista do centro do município do Rio de Janeiro, estado do Rio de Janeiro, em 2014.

1 Releiam este trecho do poema.

"A cidade destrói, constrói, reconstrói.
Uma árvore, um bosque
Pronto – nunca mais."

- Na opinião de vocês, o que a autora quis dizer?

_____
_____
_____

2 Converse com um adulto sobre as transformações que ocorreram no município onde você vive. Depois, com base no que essa pessoa disse, desenhe como era o município antigamente e como ele é atualmente.

Antigamente	Atualmente

Unidade 3
Produção, trabalho e tecnologia

Área de mineração no município de Ouro Preto, estado de Minas Gerais, em 2014.

Indústria automobilística no município de Betim, estado de Minas Gerais, em 2013.

Primeiros contatos

Qual relação você estabelece entre o título desta unidade e as fotos mostradas?

79

13 Os recursos naturais

Os alimentos que consumimos e os diversos objetos que utilizamos no nosso dia a dia provêm de animais, vegetais e minerais encontrados na natureza.

Os recursos naturais são extraídos da natureza e transformados pelo trabalho das pessoas, servindo de matéria-prima* para a fabricação de diferentes produtos.

Desafio à vista!

O que são recursos naturais? Que tipos de produtos podem ser extraídos da natureza?

Telhas e tijolos: feitos de argila queimada e endurecida.

Vidro: feito com areia e outros materiais.

Concreto: mistura de areia, cimento, brita* e água.

Cerâmica: feita de argila, areia e outros materiais.

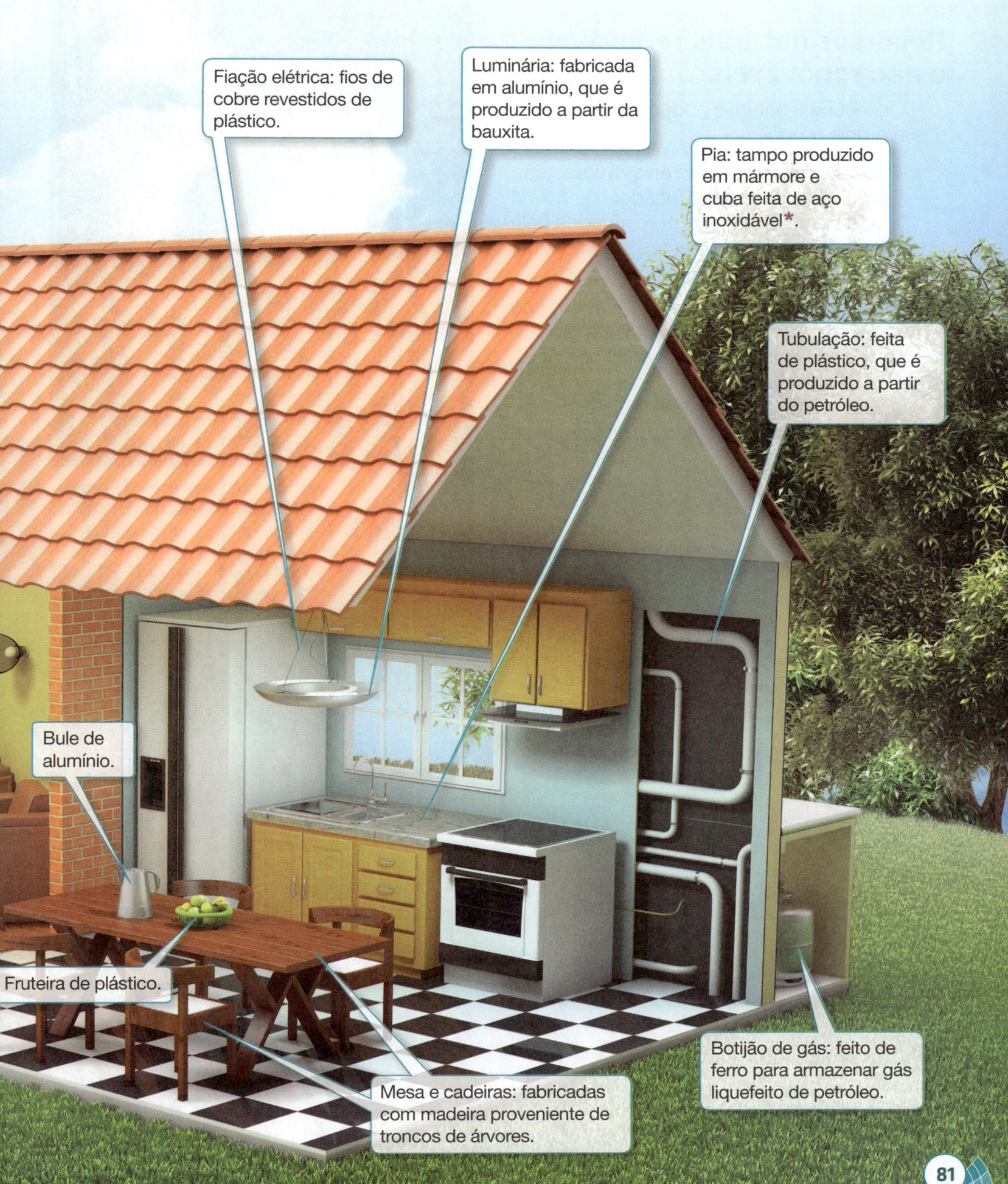

Fiação elétrica: fios de cobre revestidos de plástico.

Luminária: fabricada em alumínio, que é produzido a partir da bauxita.

Pia: tampo produzido em mármore e cuba feita de aço inoxidável*.

Tubulação: feita de plástico, que é produzido a partir do petróleo.

Bule de alumínio.

Fruteira de plástico.

Mesa e cadeiras: fabricadas com madeira proveniente de troncos de árvores.

Botijão de gás: feito de ferro para armazenar gás liquefeito de petróleo.

81

Recursos naturais renováveis e não renováveis

Os recursos naturais podem ser classificados em dois grupos:

- **recursos naturais renováveis**: são aqueles que, sendo usados de forma adequada, poderão ser renovados pela natureza ou pelas pessoas. Exemplos: água, ar, vegetação, animais, solo.

- **recursos naturais não renováveis**: são aqueles não renovados pela natureza e que não podem ser reproduzidos pelas pessoas e, por isso, podem se esgotar. Exemplos: petróleo, gás natural, carvão mineral e minérios (ferro, ouro, alumínio e outros).

Trecho de mata atlântica no Parque Estadual da Serra do Mar, município de Cunha, estado de São Paulo, em 2015.

Rio Novo no Parque Estadual do Jalapão, estado do Tocantins, em 2014.

Área de extração de minério de ferro no município de Itabira, estado de Minas Gerais, em 2014.

1 Observem novamente a imagem das páginas 80 e 81.
- Listem alguns objetos e identifiquem o recurso natural utilizado em sua fabricação. Depois, marquem se esse recurso é renovável ou não renovável. Sigam o exemplo.

Objeto ou produto	Recurso natural utilizado	Recurso renovável	Recurso não renovável
Mesa	Madeira	X	

83

Recursos minerais

No planeta Terra são encontrados diferentes minerais. Conheça alguns minerais utilizados na fabricação de diversos produtos.

Ferro: utilizado na produção de aço para fabricar eletrodomésticos e automóveis, por exemplo.

Peças de aço utilizadas na montagem de automóveis no município de Betim, estado de Minas Gerais, em 2013.

Cobre: utilizado principalmente na produção de condutores e fios elétricos e na fabricação de utensílios domésticos.

Fios de cobre utilizados na rede elétrica no município de São José do Rio Preto, estado de São Paulo, em 2014.

Bauxita: com esse mineral é possível fabricar o alumínio, utilizado na produção de diversos utensílios de cozinha e em partes de aviões, por exemplo.

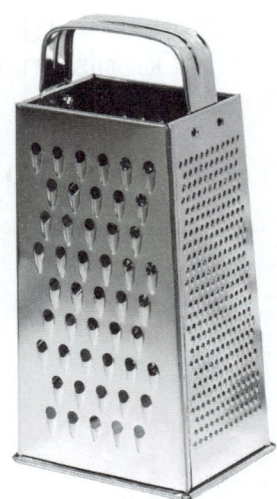

Utensílio de cozinha feito de alumínio.

Areia: muito utilizada na construção de casas e edifícios e na fabricação de vidros, misturada a outros minerais.

Edifícios com fachada de vidro no município do Rio de Janeiro, estado do Rio de Janeiro, em 2012.

Cassiterita: com esse recurso, pode-se produzir o estanho, que é muito utilizado na fabricação de latas para alimentos.

Latas fabricadas com estanho.

Calcário: utilizado na produção de cimento. O calcário também pode ser utilizado na preparação de solos para o plantio, tornando-os menos ácidos.

O cimento é utilizado em construções. Na foto, trabalhador recobre parede com cimento.

2 No dia a dia você e seus familiares utilizam diversos objetos produzidos com minerais. Escreva exemplos de objetos fabricados com:

a) ferro. _____

b) cobre. _____

c) prata. _____

O petróleo

Como você costuma ir à escola? Muitos alunos vão à escola de carro ou de ônibus escolar. São meios de transporte geralmente movidos a gasolina ou a óleo diesel, combustíveis derivados do petróleo. O petróleo é um recurso natural não renovável e leva milhões de anos para se formar.

Conheça, a seguir, o caminho do petróleo.

O petróleo é extraído de jazidas localizadas em terra ou no fundo do mar.

Na refinaria, o petróleo é transformado em vários produtos, como gasolina e óleo diesel.

Na distribuidora mistura-se álcool anidro* à gasolina.

Nos postos de combustível, a gasolina e o óleo diesel chegam até o consumidor final.

Os caminhões-tanque levam a gasolina e o óleo diesel até os postos de combustível.

Pesquise

O petróleo é a matéria-prima usada na fabricação da gasolina e do óleo diesel.

Que outros produtos são fabricados com o petróleo? _____

_____

_____

- Apresente suas descobertas para o professor e os colegas.

Cartografando

Brasil: principais recursos minerais e energéticos

Legenda:
- Sal marinho
- Gás natural
- Petróleo
- Alumínio
- Calcário
- Carvão mineral
- Cobre
- Ferro
- Manganês
- Níquel
- Ouro
- Fosfato

Fontes: Agência Nacional do Petróleo, Gás Natural e Biocombustíveis. *Boletim da Produção de Petróleo e Gás Natural Dez. 2011*. Disponível em: <http://mod.lk/anpbol>. Acesso em: 11 nov. 2014. Departamento Nacional de Produção Mineral. *Anuário Mineral Brasileiro 2010*. Disponível em: <http://mod.lk/anualmin>. Acesso em: 11 nov. 2014.

1 No lugar onde você vive, são extraídos recursos minerais e energéticos? Quais?

_____

_____

2 Em quais estados brasileiros o petróleo é explorado?

_____

_____

3 Com base no mapa, elabore uma atividade para um colega responder e responda à atividade que ele elaborou.

87

14 O extrativismo

O extrativismo é uma das atividades mais antigas realizadas pelos seres humanos. Essa atividade consiste em extrair recursos naturais para serem comercializados. Muitos desses recursos são usados como matéria-prima de produtos industrializados.

Extrativismo animal

É a atividade de pesca e caça de animais silvestres.

Atividade de pesca no município de São João de Pirabas, estado do Pará, em 2013.

Extrativismo vegetal

É a atividade de extração de recursos vegetais que não foram cultivados, para aproveitamento de madeira, óleos e frutos.

Extração de madeira no município de Paragominas, estado do Pará, em 2014.

Extrativismo mineral

É a atividade de extração de minérios, como ouro, ferro, carvão mineral, diamante e outros.

O carvão mineral é usado como fonte de energia. Na foto, extração de carvão mineral no município de Candiota, estado do Rio Grande do Sul, em 2011.

1. Faça uma lista de dez recursos extraídos da natureza que são utilizados pelas pessoas. Depois, marque se esse recurso é de origem animal, vegetal ou mineral. Siga a legenda.

   A Animal   **V** Vegetal   **M** Mineral

   - ✔ _____
   - ✔ _____
   - ✔ _____
   - ✔ _____
   - ✔ _____
   - ✔ _____
   - ✔ _____
   - ✔ _____
   - ✔ _____
   - ✔ _____

2. Alguns dos recursos naturais que você listou anteriormente são extraídos no lugar onde você vive? Quais?

   _____
   _____
   _____
   _____
   _____
   _____

As formas de extrativismo variam conforme o aproveitamento dado pelas pessoas.

1. **Extrativismo de coleta:** os recursos naturais são destinados ao consumo próprio. Eles são usados na alimentação, na construção de moradias, na fabricação de instrumentos, entre outras finalidades.

2. **Extrativismo complementar:** os recursos naturais são retirados para consumo próprio e também para serem vendidos, gerando uma renda complementar para muitas famílias.

3. **Extrativismo industrial:** é realizado por empresas utilizando alta tecnologia, como a extração de minérios e de madeira em grande quantidade.

3 Observe as fotos e leia as legendas. Enumere-as de acordo com as formas de extrativismo citadas anteriormente.

A indústria madeireira retira árvores para diversos usos. Na foto, madeireira no município de Itacoatiara, estado do Amazonas, em 2011.

Mulher quebrando coco de babaçu no município de Caxias, estado do Maranhão, em 2014. Nesse estado, muitas mulheres coletam e quebram coco da palmeira babaçu e vendem o óleo extraído de suas amêndoas para indústrias do setor de cosméticos.

No Brasil, muitos povos indígenas vivem da caça e da pesca. Na foto, indígenas Waurás pescam no município de Gaúcha do Norte, estado do Mato Grosso, em 2013.

Você sabia?

Muitas vezes, o modo como o extrativismo é praticado ocasiona impactos ao meio ambiente e às pessoas. Veja alguns exemplos.

O **garimpo** é uma das formas de obter o ouro. É uma atividade que ocasiona o desmatamento e destrói os solos. Além disso, em sua prática são usadas substâncias tóxicas, como o mercúrio, que serve para separar e limpar o mineral. O mercúrio contamina as águas dos rios, afetando peixes, animais silvestres e a própria saúde humana.

Atividade de garimpo no município de Coxim, estado de Mato Grosso do Sul, em 2012.

Filhotes de papagaio e de arara que seriam comercializados ilegalmente foram resgatados pela polícia rodoviária no município de Catanduva, estado de São Paulo, em 2011.

A **captura** e o **comércio de animais silvestres** são, muitas vezes, praticados para se obter uma fonte de renda complementar. Apesar de serem proibidas por lei no Brasil, essas práticas ainda acontecem e têm contribuído para a extinção de muitas espécies. Primatas, peixes ornamentais*, araras, tartarugas, tucanos e jiboias estão entre os principais animais comercializados.

Na **pesca predatória**, retiram-se do ambiente aquático mais animais do que o ciclo natural dessas espécies consegue repor. Isso acontece porque, muitas vezes, pesca-se em época de reprodução e o uso de redes de malha fina, que podem aprisionar animais ainda muito jovens e pequenos, contribui para a diminuição da quantidade de peixes, afetando o equilíbrio ecológico e a própria atividade pesqueira.

Atividade de pesca com rede no município de Balneário Barra do Sul, estado de Santa Catarina, em 2012.

Cartografando

Observe o mapa a seguir.

Brasil: principais produtos do extrativismo vegetal

Fonte: Hervé Théry; Neli de Mello. *Atlas do Brasil*: disparidades e dinâmicas do território. São Paulo: Edusp, 2005.

1 Qual é o título do mapa?

2 Há extrativismo vegetal no lugar onde você vive? O que é extraído?

Pesquise

Junte-se a um colega e escolham dois produtos do extrativismo vegetal. Pesquisem as informações a seguir e anotem as respostas no caderno.

a) Onde o produto é encontrado?

b) Como é utilizado pelas pessoas?

c) A sua extração tem destruído ambientes naturais?

• Apresente as respostas para o professor e os colegas.

Ligando os pontos

1 Como você estudou, os recursos naturais podem ser renováveis ou não renováveis. Retome a leitura dos textos e cite exemplos desses recursos.

a) Recursos renováveis: _____

_____

b) Recursos não renováveis: _____

_____

2 Observe a imagem e complete as frases com a matéria-prima utilizada na fabricação de alguns produtos. Veja o exemplo.

A madeira pode ser retirada de _____

O plástico é feito com _____

O metal da geladeira é feito com _____

O papel é feito com _____ *a celulose da madeira*.

O vidro é feito com _____

15 A indústria

Nas diferentes indústrias, os recursos naturais são transformados nos mais variados objetos e utensílios utilizados no dia a dia pelas pessoas.

Vamos conhecer um exemplo.

Desafio à vista!

Como os objetos são produzidos nas indústrias? Que tipos de indústrias existem?

Indústria de extração de minério de ferro no município de São João da Barra, estado do Rio de Janeiro, em 2014.

A **indústria extrativista** retira a matéria-prima da natureza. Na foto, vê-se a extração do minério de ferro.

Na **indústria de base**, a matéria-prima é transformada em outro produto. A imagem ao lado mostra uma indústria que transforma o minério de ferro em chapas de aço.

Indústria siderúrgica no município de Volta Redonda, estado do Rio de Janeiro, em 2011.

Na **indústria de bens de consumo**, são fabricados produtos que vão chegar ao consumidor. A chapa de aço, por exemplo, será utilizada pela indústria de bens de consumo na fabricação de automóveis.

Indústria de automóveis no município de Jacareí, estado de São Paulo, em 2014.

1 Que tipos de indústria existem em seu município?

_____
_____

A maior parte das indústrias está localizada no espaço urbano. No entanto, existem indústrias localizadas no espaço rural, nas quais ocorre o beneficiamento de produtos do campo. Essas indústrias são chamadas de **agroindústrias**.

Vista de agroindústria no município de Colina, estado de São Paulo, em 2013. Nessa agroindústria, a laranja é transformada em suco.

2 Existem agroindústrias no município onde você vive? Quais?

_____
_____
_____
_____

- Os produtos dessas agroindústrias são vendidos para:

    ☐ o mercado interno (Brasil).

    ☐ o mercado externo (outros países).

    ☐ o mercado interno e o mercado externo.

Outras indústrias, outras matérias-primas

Nas indústrias, utilizam-se diferentes matérias-primas para fabricar produtos.

Vamos conhecer alguns exemplos de indústrias.

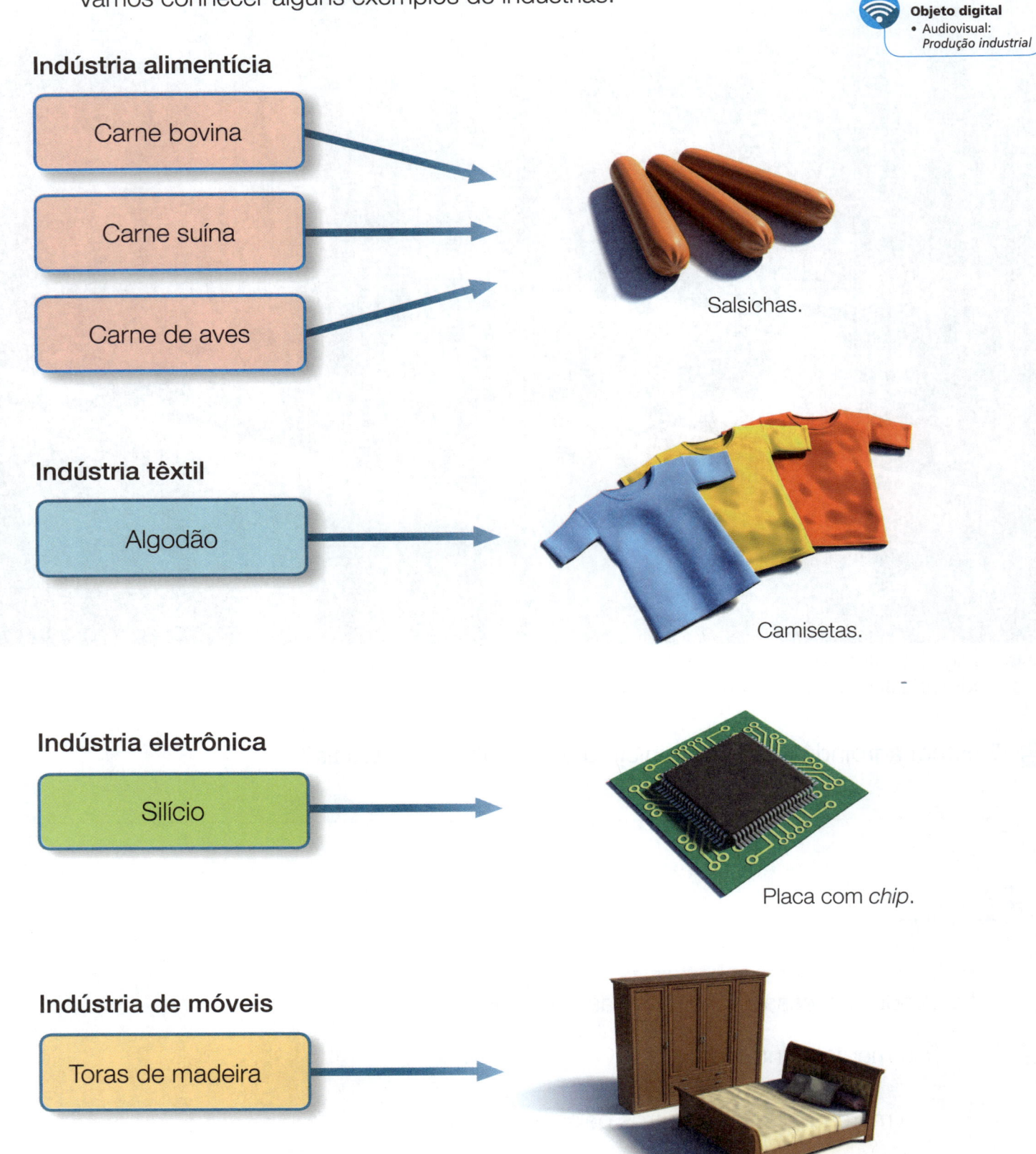

Objeto digital
- Audiovisual: *Produção industrial*

Indústria alimentícia

- Carne bovina
- Carne suína
- Carne de aves

→ Salsichas.

Indústria têxtil

- Algodão

→ Camisetas.

Indústria eletrônica

- Silício

→ Placa com *chip*.

Indústria de móveis

- Toras de madeira

→ Móveis.

3 Complete o quadro com a principal matéria-prima utilizada em cada tipo de indústria.

Tipo de indústria	Matéria-prima	Produto final
Têxtil	Algodão	Tecido
Alimentícia		
Automobilística		
Elétrica	Cobre	
Petroquímica	Petróleo	
Eletrônica		

- Apresente seu quadro para o professor e os colegas. Se necessário, corrija as informações.

Pesquise

Você conhece as indústrias de seu município e os produtos que elas fabricam? Procure um produto fabricado em uma indústria de seu município e cole o rótulo no espaço a seguir. Depois, responda.

a) Qual é o produto anunciado no rótulo?
_____

b) Qual é a principal matéria-prima utilizada para fabricar esse produto?
_____
_____

c) Em que tipo de indústria se fabrica esse produto?
_____
_____

As indústrias e os danos ambientais

Em muitos casos, a atividade industrial provoca sérios danos ao meio ambiente, como a devastação da vegetação e a poluição do ar, do solo e dos rios.

Observe a imagem.

Indústria no município de Rio Grande, estado do Rio Grande do Sul, em 2011.

4 Que tipo de poluição você identifica na foto acima?

_____
_____

5 Há indústrias localizadas em seu município que poluem o ambiente? Que tipo de poluição elas causam?

_____
_____

6 Converse com um colega sobre possíveis soluções para reverter os problemas citados na atividade anterior. Registrem as conclusões no caderno.

Produzindo um livro

O livro é produto do trabalho de autores, editores, ilustradores e vários profissionais de diversos setores da indústria. Mas, sem o papel, o livro não poderia ser feito. Você sabe de onde vem o papel?

O papel é obtido da celulose extraída da madeira de árvores. Operários das indústrias que têm a madeira como matéria-prima costumam plantar as árvores que serão utilizadas na fabricação de muitos produtos, como o papel. As árvores são constantemente replantadas para que a matéria-prima dessas indústrias não falte.

1. Plantação de eucaliptos para produção de celulose. Município de Delfinópolis, estado de Minas Gerais, 2013.

2. Na indústria de papel, a celulose é transformada em papel. Município de Piracicaba, estado de São Paulo, 2013.

3. Na indústria gráfica, o papel é utilizado na impressão dos livros. Brasília, Distrito Federal, 2012.

4. Depois de pronto, o livro impresso é comercializado nas livrarias. Município de Santa Maria, estado do Rio Grande do Sul, 2013.

7 Agora, você vai montar um livro sobre a fabricação do papel. Destaque as páginas 173 a 176 deste livro e siga as orientações do professor.

Você sabia?

O artesanato

Muitos produtos não são fabricados nas indústrias, mas feitos manualmente com instrumentos simples. Essa atividade é chamada de artesanato. No Brasil, o artesanato garante o sustento de muitas famílias e comunidades.

Geralmente, os ensinamentos e as técnicas do artesanato são transmitidos de geração para geração. O artesão com mais experiência no trabalho é chamado de mestre e ensina aos mais jovens a arte de seu ofício.

É possível encontrar produtos artesanais feitos com matérias-primas regionais e com técnicas específicas, que variam de acordo com a cultura e o modo de vida das pessoas.

Vamos conhecer alguns exemplos.

Rendas: presentes em roupas, lenços, toalhas.

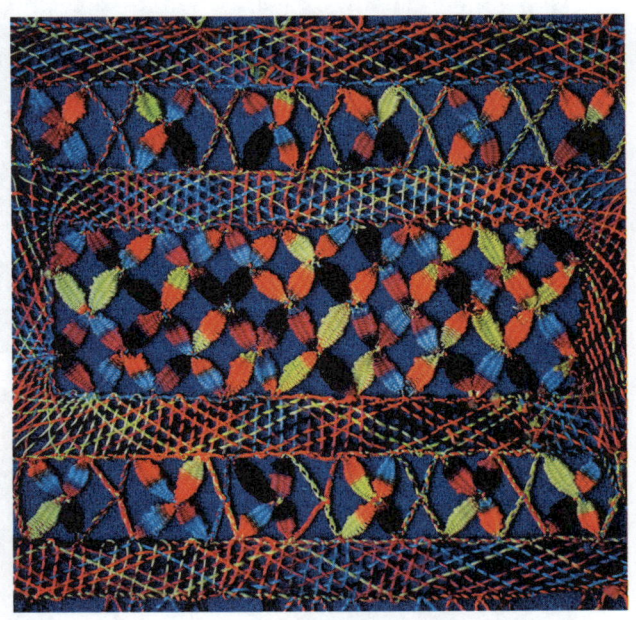

Objetos de cerâmica e bonecos de barro: é o artesanato mais popular no Brasil.

Peça de renda produzida no município de Raposa, estado do Maranhão.

Bonecos de barro produzidos no município do Recife, estado de Pernambuco.

Trançados: é a arte de trançar fibras. São produzidos objetos como cestos, esteiras, chapéus, redes e peneiras.

Chapéus de fibras trançadas de palha.

Ligando os pontos

1 Observem as fotos a seguir. Depois, identifiquem as indústrias envolvidas na fabricação de cada um desses produtos.

Indústrias:
_____
_____
_____
_____
_____

Indústrias:
_____
_____
_____
_____
_____
_____
_____

2 Em sua opinião, quais foram as melhorias e os prejuízos que a atividade industrial acarretou à vida moderna?

_____
_____
_____
_____
_____

16 A agricultura

Arroz e feijão são alimentos consumidos pela população brasileira diariamente.

Essa "dupla" tem grande valor nutritivo. Legumes e verduras também estão presentes nas refeições dos brasileiros.

Veja as condições necessárias para o agricultor obter uma boa produção de alimentos.

Desafio à vista!

Ovos, carne, leite, arroz e feijão são alimentos consumidos pelas pessoas. Mas você sabe onde e como esses alimentos são produzidos?

- **Clima adequado ao tipo de cultura agrícola:** existem culturas que se desenvolvem melhor em climas mais frios e outras que se adaptam melhor a climas mais quentes.

Algumas necessitam de climas secos, e outras, de climas úmidos.

Plantação de maçãs no município de Urubici, estado de Santa Catarina, em 2014. O cultivo de maçãs, por exemplo, desenvolve-se melhor em áreas mais frias.

- **Solos férteis:** alguns tipos de solo são naturalmente férteis, mas outros não. Quando o solo não é fértil, o agricultor precisa adubá-lo ou fertilizá-lo. Também é necessário utilizar sementes de boa qualidade.

Solo recebendo adubo no município de São Simão, no estado de Goiás, em 2014.

- **Relevo plano:** as áreas planas favorecem o trabalho na agricultura, permitindo a utilização de máquinas e de equipamentos. Quando o terreno é montanhoso ou íngreme*, é preciso adotar técnicas especiais, como o cultivo em degraus ou em curvas de nível.

Plantação de arroz em degraus no Vietnã, em 2014.

- **Existência de água:** as plantações precisam de água. Algumas culturas se desenvolvem bem em áreas mais secas, mas outras precisam de muita água.

Plantação sendo irrigada no município de Teresópolis, estado do Rio de Janeiro, em 2013.

Pesquise

Alguns municípios são muito secos, pois neles quase não chove. Isso pode prejudicar a prática da agricultura.

Pesquise em livros, revistas e na internet o que pode ser feito para possibilitar a prática da agricultura em áreas secas. Anote suas descobertas no caderno e, depois, apresente-as aos colegas e ao professor.

Diferentes tipos de agricultura

Você vai conhecer diferentes formas de produzir alimentos e matérias-primas.

- **Agricultura de subsistência:** Nesse tipo de agricultura, utilizam-se técnicas tradicionais ou rudimentares na produção.

  A mão de obra geralmente é familiar e quase não se usam máquinas.

  A agricultura de subsistência tem como objetivo atender à própria família e ao mercado consumidor local.

Lavrador com arado de tração animal no município de Piquete, estado de São Paulo, em 2012.

- **Agricultura comercial:** Nesse tipo de agricultura, necessita-se de pouca mão de obra, pois são utilizadas técnicas modernas e muitas máquinas, como colheitadeiras* e semeadeiras*.

  A agricultura comercial tem como objetivo produzir uma grande quantidade de alimentos para atender ao mercado consumidor brasileiro e também ao internacional.

Colheitadeira em plantação de algodão no município de Chapadão do Sul, estado de Mato Grosso do Sul, em 2014.

1 No município onde vocês vivem predomina a agricultura de subsistência ou a agricultura comercial?

_____

2 Façam dois desenhos ou montem colagens que representem:

a) a agricultura de subsistência.

b) a agricultura comercial.

c) Apresentem os desenhos ou as colagens para os demais colegas e o professor.

Entreviste

Entrevistem profissionais de uma feira livre ou de um supermercado para conhecer quais são os produtos agrícolas mais produzidos e consumidos em seu município. Façam a entrevista acompanhados de um adulto de sua convivência. Anotem as respostas no quadro a seguir.

- Nome: _____
- Profissão: _____
- O clima do município favorece a plantação de quais produtos?
  _____
  _____
  _____

- Dos produtos agrícolas que você vende, quais são produzidos no município?
  _____
  _____
  _____

- Quais produtos agrícolas produzidos no nosso município são vendidos para estabelecimentos de outros municípios?
  _____
  _____
  _____

- Dos produtos agrícolas que você vende, quais vêm de outros municípios?
  _____
  _____
  _____

Avaliando as informações coletadas na entrevista

Converse com o professor e os colegas sobre o resultado da entrevista. O professor anotará as informações na lousa. Depois, responda.

1 Onde é produzida a maioria dos produtos agrícolas consumidos no município onde você vive?

☐ No próprio município. ☐ Em outros municípios.

2 Quais produtos consumidos no município vêm de outros municípios?

_____
_____

3 Dos produtos cultivados no município, quais são vendidos para estabelecimentos de outros municípios?

_____
_____
_____

4 O clima do município favorece a plantação de quais produtos? Por quê?

_____
_____
_____

5 Que tipo de transporte é utilizado para trazer os produtos agrícolas de outros municípios até o seu município?

_____
_____

A tecnologia na agricultura

A atividade agrícola vem passando por uma série de mudanças para aumentar a produção de alimentos e criar condições mais favoráveis nas áreas de plantio.

Observe o esquema.

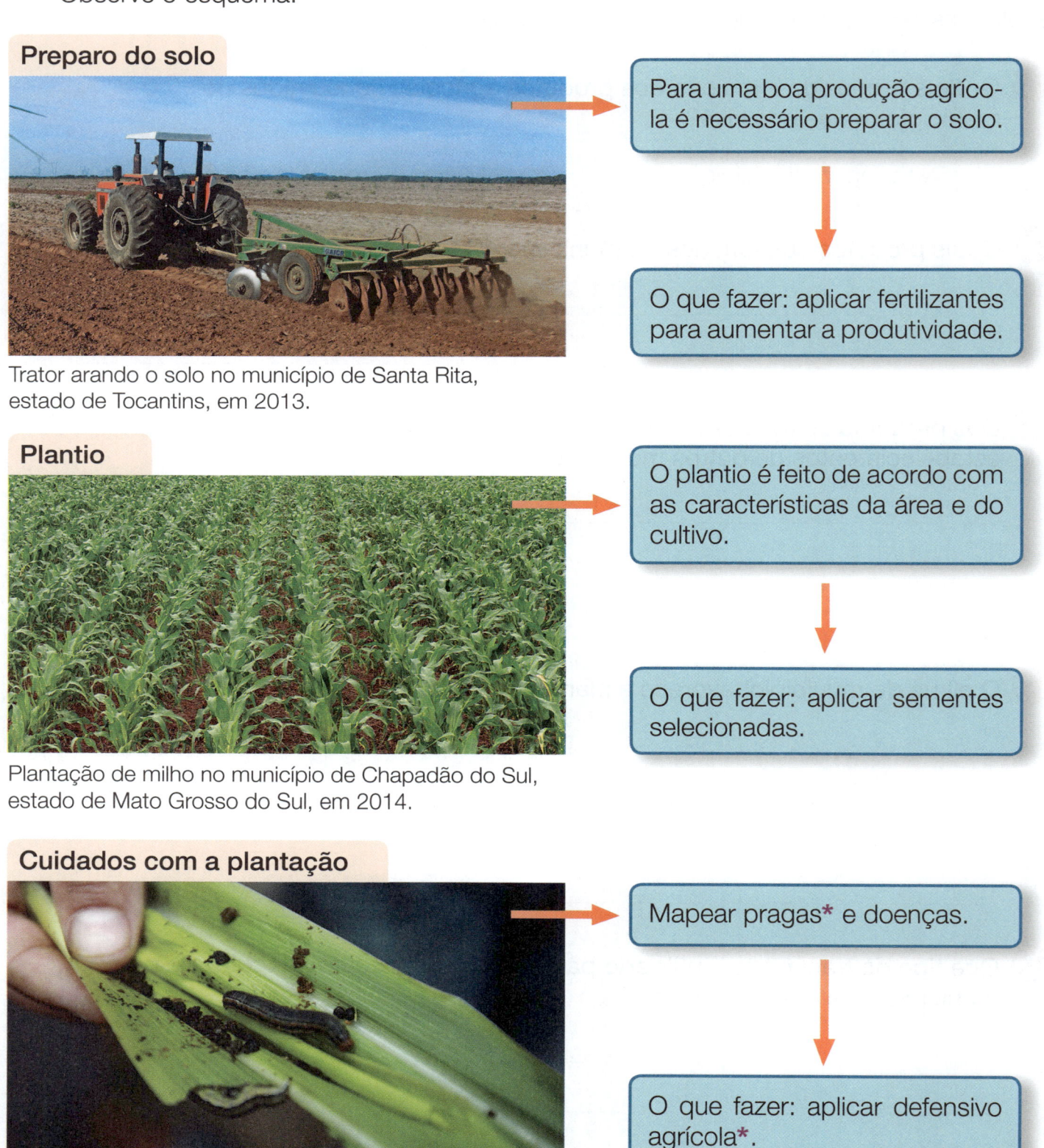

Preparo do solo

Trator arando o solo no município de Santa Rita, estado de Tocantins, em 2013.

Para uma boa produção agrícola é necessário preparar o solo.

O que fazer: aplicar fertilizantes para aumentar a produtividade.

Plantio

Plantação de milho no município de Chapadão do Sul, estado de Mato Grosso do Sul, em 2014.

O plantio é feito de acordo com as características da área e do cultivo.

O que fazer: aplicar sementes selecionadas.

Cuidados com a plantação

Lagarta que ataca plantação de milho.

Mapear pragas* e doenças.

O que fazer: aplicar defensivo agrícola*.

Colheita

A colheita é feita com máquinas especiais.

Colheita de milho no município de Rio Brilhante, estado de Mato Grosso do Sul, em 2012.

Avaliação dos resultados

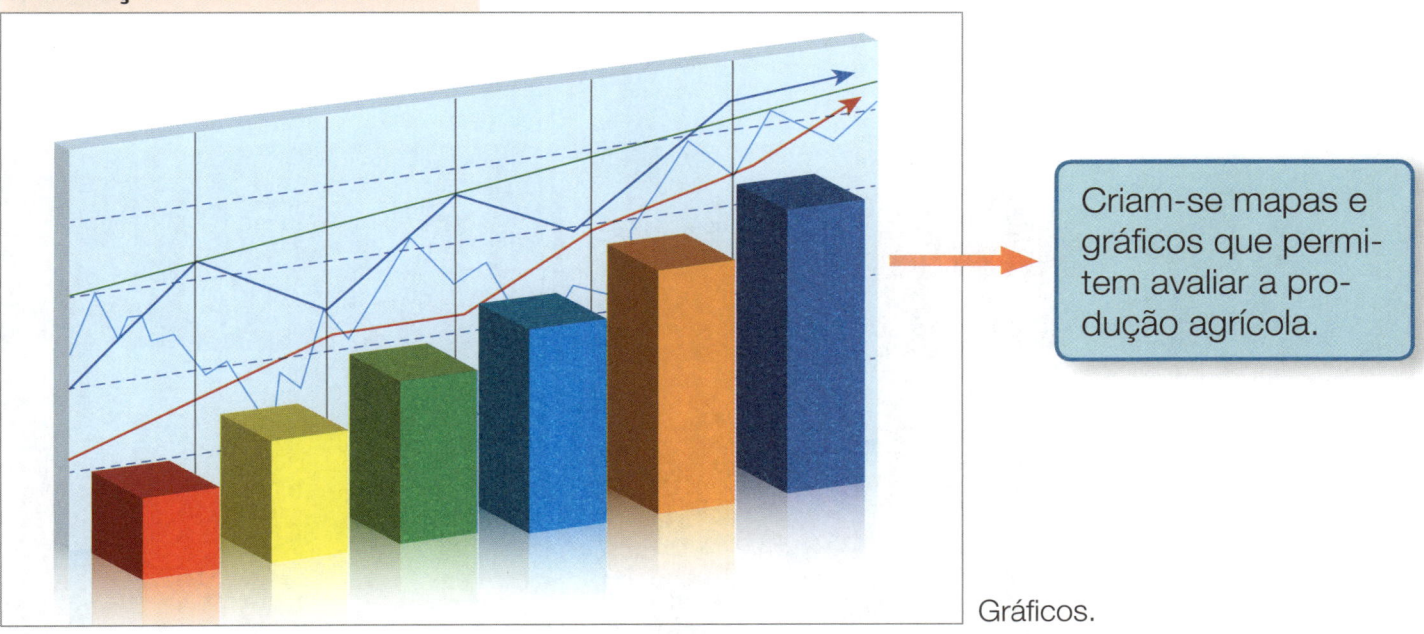

Criam-se mapas e gráficos que permitem avaliar a produção agrícola.

Gráficos.

3 Como a tecnologia foi usada na produção de milho?

_____

_____

4 O processo de modernização da agricultura apresenta vantagens e desvantagens. Converse com um colega sobre isso e anote as conclusões em seu caderno.

Você sabia?

O que são alimentos transgênicos?

Os transgênicos ou organismos geneticamente modificados (OGM) são organismos desenvolvidos em laboratório. Eles são produzidos por meio da transferência de genes* de um ser vivo para outro, de espécies diferentes, atribuindo a eles características que não poderiam ser obtidas de forma natural. Entretanto, não existe na comunidade científica um consenso* sobre a segurança dos transgênicos.

Os defensores dos transgênicos dizem que eles são importantes para aumentar a quantidade de alimentos no mundo, já que a população mundial vem crescendo. Além disso, argumentam que com os transgênicos pode-se melhorar a qualidade dos alimentos, criando, por exemplo, alimentos com maior valor nutricional* e com maior durabilidade.

As pessoas contrárias aos transgênicos dizem que há menor variedade de espécies vegetais sendo plantadas, pois tem-se investido somente em produtos de maior valor comercial. Além disso, há pesquisas que indicam que os alimentos transgênicos podem provocar desequilíbrio ambiental e danos à saúde das pessoas.

Plantação de soja transgênica no município de Cornélio Procópio, estado do Paraná, em 2013.

Cartografando

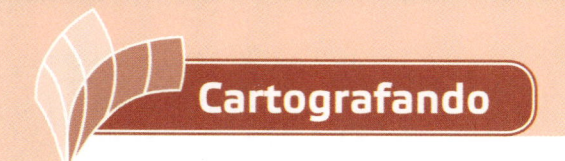

Observe o mapa.

Brasil: principais produtos agrícolas

Legenda:
- Abacaxi
- Algodão
- Amendoim
- Arroz
- Banana
- Batata-inglesa
- Cacau
- Café
- Cana-de-açúcar
- Feijão
- Laranja
- Maçã
- Mamão
- Mandioca
- Manga
- Melancia
- Melão
- Milho
- Pera
- Pêssego
- Soja
- Tomate
- Trigo
- Uva

Fonte: IBGE. *Produção agrícola municipal*: culturas temporárias e permanentes 2012. Rio de Janeiro: IBGE, 2013.

1 Qual é o título e a escala do mapa?

2 De acordo com o mapa, quais produtos agrícolas são cultivados no lugar onde você vive?

3 Arroz e feijão são consumidos pela maior parte da população brasileira diariamente. Em quais locais se produzem arroz e feijão?

4 A soja é um dos principais produtos exportados pelo Brasil. Cite três locais onde se produz soja.

17 A pecuária

Além da atividade agrícola, no espaço rural também ocorre a criação de diferentes tipos de animais. Vamos conhecer algumas das criações existentes nos diversos municípios do Brasil.

1 Relacione as colunas corretamente. Siga o exemplo.

- apicultura
- avicultura
- bovinocultura
- caprinocultura
- cunicultura
- ovinocultura
- piscicultura
- ranicultura
- suinocultura

2 A criação de algum desses animais ocorre no município onde você vive?

Os sistemas de criação de animais

A pecuária é uma importante atividade econômica. Ela consiste na criação e na reprodução de animais.

Por meio da pecuária são obtidos alimentos e, também, matérias-primas para diversas indústrias.

Vamos conhecer os diferentes sistemas de criação.

- **Pecuária extensiva:** os animais são criados soltos em grandes áreas e buscam seu alimento nas pastagens. Nesse sistema, utilizam-se técnicas tradicionais.

Gado criado solto no município de Novo Horizonte do Norte, estado de Mato Grosso, em 2013.

- **Pecuária intensiva:** os animais são criados confinados* e, por isso, não são necessárias grandes extensões de terra. Geralmente, utilizam-se técnicas modernas, como alimentação especial. Na produção de leite, é utilizada a ordenha mecânica.

Gado confinado se alimentando de ração no município de Carmo do Paranaíba, estado de Minas Gerais, em 2010.

3 Observe a legenda das fotos anteriores. Em qual dos municípios é praticada:

a) a pecuária intensiva? _____

b) a pecuária extensiva? _____

4 No município onde você vive, há pecuária bovina? ☐ Sim ☐ Não

5 Se a resposta for positiva, qual é o sistema mais utilizado na criação dos animais?

☐ Intensivo   ☐ Extensivo

Cartografando

Observe o mapa e a legenda.

Brasil: principais rebanhos

Legenda:
- Bovino
- Bufalino
- Equino
- Asinino
- Suíno
- Caprino
- Ovino

Fonte: IBGE. *Produção pecuária municipal 2012*. Rio de Janeiro: IBGE, 2013.

a) Qual é o título e a escala do mapa?

_____

b) Em quais locais são criados asininos, caprinos e ovinos?

_____

_____

c) Quais são os principais rebanhos criados no lugar onde você vive?

_____

_____

A tecnologia na pecuária

A seleção de raças é uma técnica utilizada para melhorar a qualidade do gado e da carne produzida.

Pastagem de melhor qualidade e ração balanceada em nutrientes aumentam a saúde dos animais e possibilitam elevar a produtividade.

A utilização de alguns equipamentos, como a ordenha mecânica, possibilita aumentar a produção de leite.

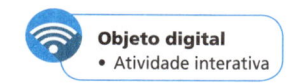

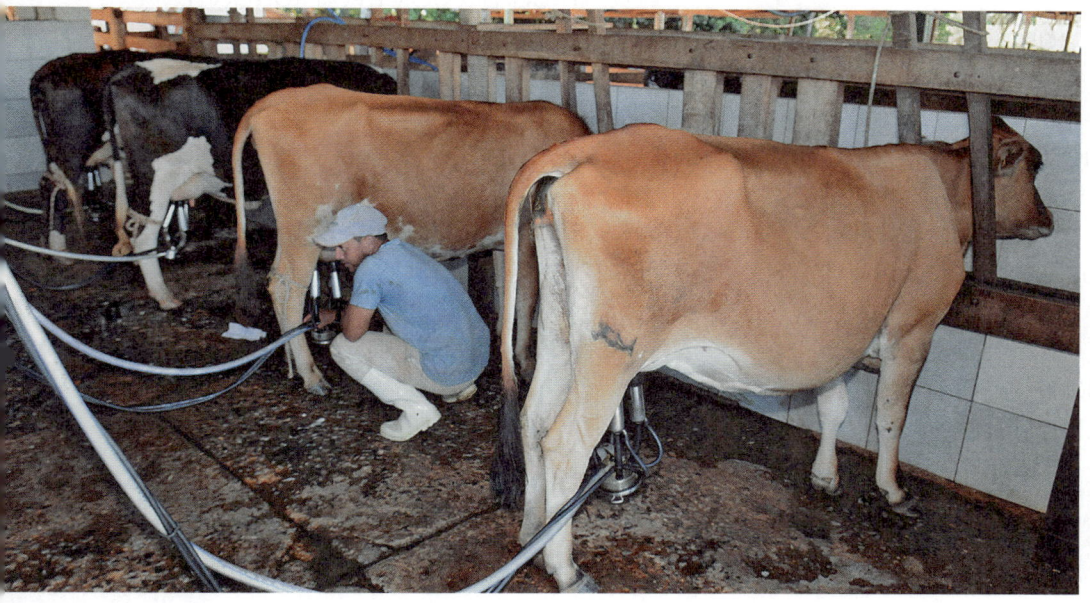

A ordenha mecânica é realizada com um equipamento que extrai o leite das vacas, sem o contato manual, o que evita a contaminação do leite. Com esse equipamento, também é possível aumentar a produção. Na foto, ordenha mecânica em Brasília, Distrito Federal, 2011.

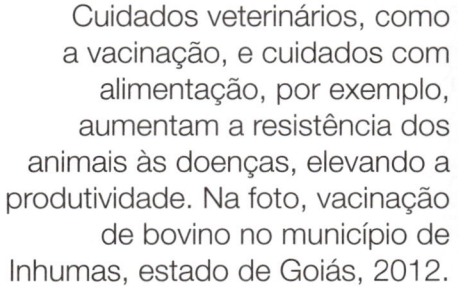

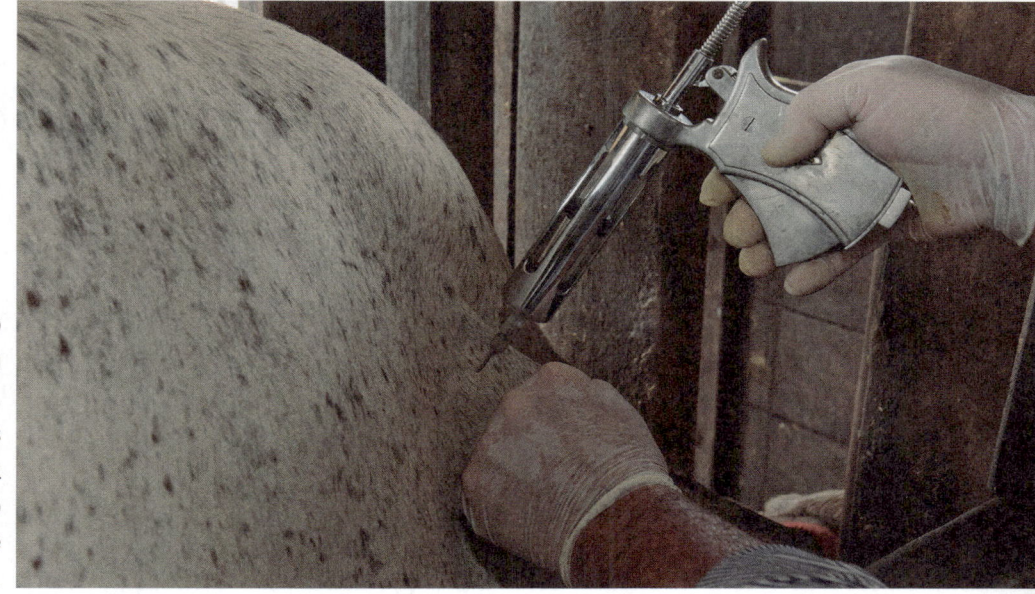

Cuidados veterinários, como a vacinação, e cuidados com alimentação, por exemplo, aumentam a resistência dos animais às doenças, elevando a produtividade. Na foto, vacinação de bovino no município de Inhumas, estado de Goiás, 2012.

6 Quais são as vantagens de utilizar a ordenha manual? E de utilizar a ordenha mecânica?

- Apresente sua resposta para os colegas e o professor.

Ligando os pontos

1. Complete as informações e depois encontre essas palavras no quadro de letras.

   a) A agricultura _____ destina-se à produção de grande quantidade de alimentos em vastas propriedades.

   b) A agricultura de _____ tem como objetivo atender à própria família do agricultor e ao mercado consumidor local.

   c) Espécies _____ são animais ou plantas geneticamente modificados.

   d) A pecuária _____ é o sistema de criação de animais soltos em grandes pastos.

   e) A pecuária _____ é o sistema de criação de animais em áreas confinadas.

   f) A _____ é a atividade de criação de porcos.

   g) A _____ é a atividade de criação de bois e vacas.

A	G	K	E	X	T	E	N	S	I	V	A	S
L	Ó	G	H	U	Z	C	W	Q	S	V	T	U
P	Y	G	Ç	U	R	F	X	C	F	X	T	I
C	O	M	E	R	C	I	A	L	C	E	I	N
E	G	J	V	M	L	A	S	Q	T	O	U	O
P	D	Q	F	A	K	J	V	M	I	L	B	C
S	U	B	S	I	S	T	Ê	N	C	I	A	U
B	N	K	I	T	A	Q	X	I	O	H	K	L
T	R	A	N	S	G	Ê	N	I	C	A	S	T
Y	O	S	A	Z	K	G	U	H	G	K	L	U
I	N	T	E	N	S	I	V	A	Y	H	X	R
B	O	V	I	N	O	C	U	L	T	U	R	A

2 Quais são os principais produtos agropecuários produzidos no município onde você vive?

_____
_____
_____
_____
_____
_____

3 Converse com os adultos de sua casa sobre a utilização de tecnologia na agricultura e na pecuária em seu município.

- Que tipos de tecnologia são usados na agricultura e na pecuária no lugar onde você vive?
- Quais são os problemas relacionados à atividade agrícola e à pecuária?
- O que pode ser feito para diminuir esses problemas?
- Anote suas conclusões e mostre-as ao professor e aos colegas.

_____
_____
_____
_____
_____
_____
_____
_____

18 O comércio e os serviços

O **comércio** é uma atividade baseada na compra e na venda de produtos. Lojas, padarias, farmácias, supermercados, postos de combustíveis e restaurantes são exemplos de estabelecimentos comerciais. Nesses estabelecimentos, podem ser vendidos produtos feitos tanto no espaço urbano como no espaço rural.

Observe as imagens.

Desafio à vista!

Qual é a importância do setor de comércio e de serviços para os espaços urbano e rural?

Loja de roupas no município do Rio de Janeiro, estado do Rio de Janeiro, em 2013.

Posto de combustível em rodovia do município de Filadélfia, estado do Tocantins, em 2013.

Mercearia no município de Jaboticatubas, estado de Minas Gerais, em 2011.

1 Em sua opinião, em qual espaço é maior o número de estabelecimentos comerciais: no espaço rural ou no espaço urbano? Por quê?

_____
_____
_____
_____
_____
_____

2 Indique três tipos de estabelecimentos comerciais existentes no município onde você vive e os produtos que eles comercializam.

	Estabelecimento comercial	Produtos comercializados
1		
2		
3		

Alguns estabelecimentos não estão relacionados com a compra e a venda de produtos, e sim com a **prestação de serviços**.

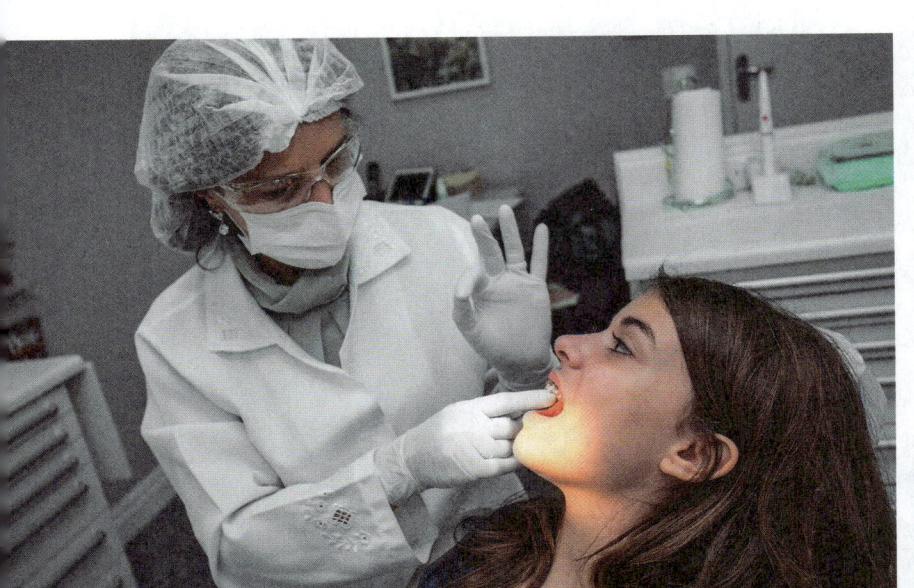

Dentista atendendo paciente em seu consultório.

Objeto digital
• Multimídia: *Estabelecimentos comerciais e de serviços*

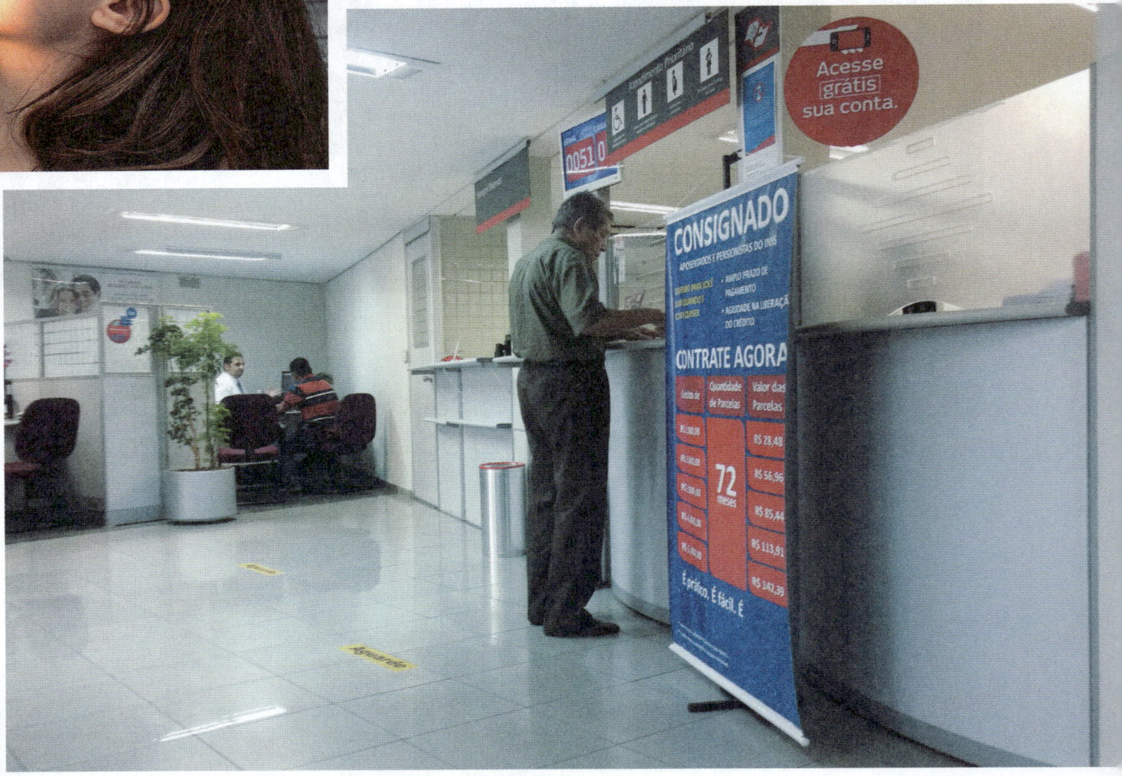

Cliente pagando contas em agência bancária.

Cabeleireira cortando cabelo de cliente em salão de beleza.

3 Assinale os estabelecimentos nos quais são oferecidos serviços à população do município onde você vive. Depois, crie um símbolo para representar esses serviços.

Como representar?

Objeto digital
- Atividade interativa

☐ Hospital

☐ Escola

☐ Clube esportivo

☐ Salão de beleza

☐ Agência bancária

☐ Academia de ginástica

☐ Oficina mecânica

4 Em sua opinião, em qual espaço é maior o número de estabelecimentos em que se prestam serviços: no espaço rural ou no espaço urbano? Por quê?

_____
_____
_____
_____

Os serviços de transporte e de comunicação

Os serviços de transporte e de comunicação são muito importantes para o desenvolvimento e a interligação das atividades realizadas no espaço rural e no espaço urbano.

O serviço de transporte é fundamental para levar pessoas, matérias-primas e produtos de um local para outro. Já o serviço de comunicação é importante porque facilita o contato entre as pessoas.

Observe a ilustração a seguir.

5 Listem os meios de transporte e de comunicação que aparecem na ilustração.

_____
_____
_____
_____

6 Se um morador do espaço rural fosse adquirir um produto no espaço urbano, que meio de transporte ele poderia utilizar?

_____
_____
_____

7 E, se esse mesmo morador resolvesse adquirir o produto sem sair de casa, como ele poderia fazer?

_____
_____
_____

8 Quais são os meios de transporte e de comunicação mais utilizados no lugar onde você vive?

_____
_____
_____

9 Qual é o meio de comunicação mais usado por sua família para adquirir algum produto sem sair de casa?

☐ Telefone ☐ Internet

10 Quais meios de transporte sua família utiliza para fazer compras?

☐ Carro ☐ Ônibus ☐ Metrô ☐ Outros

- Apresentem as respostas das atividades 9 e 10 para o professor anotar na lousa.

Cartografando

1 Represente os dados anotados pelo professor anteriormente em um gráfico de barras. Lembre-se de criar a legenda do gráfico.

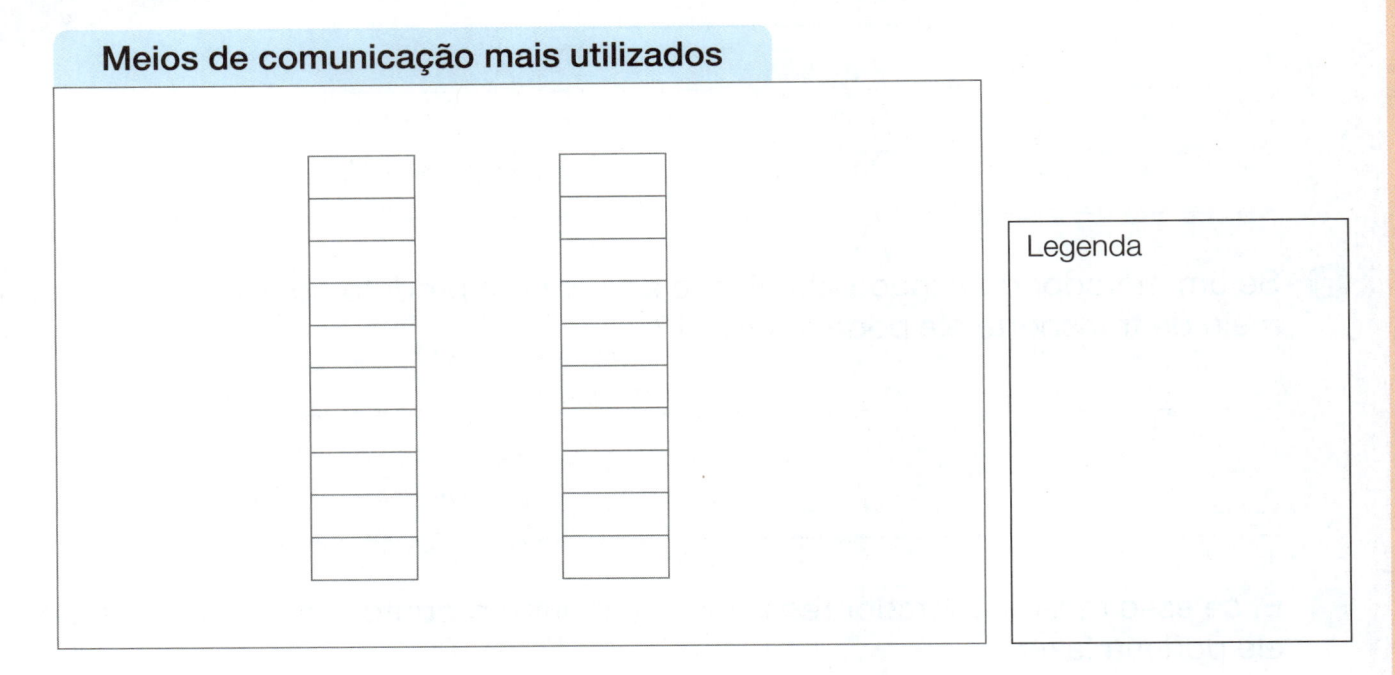

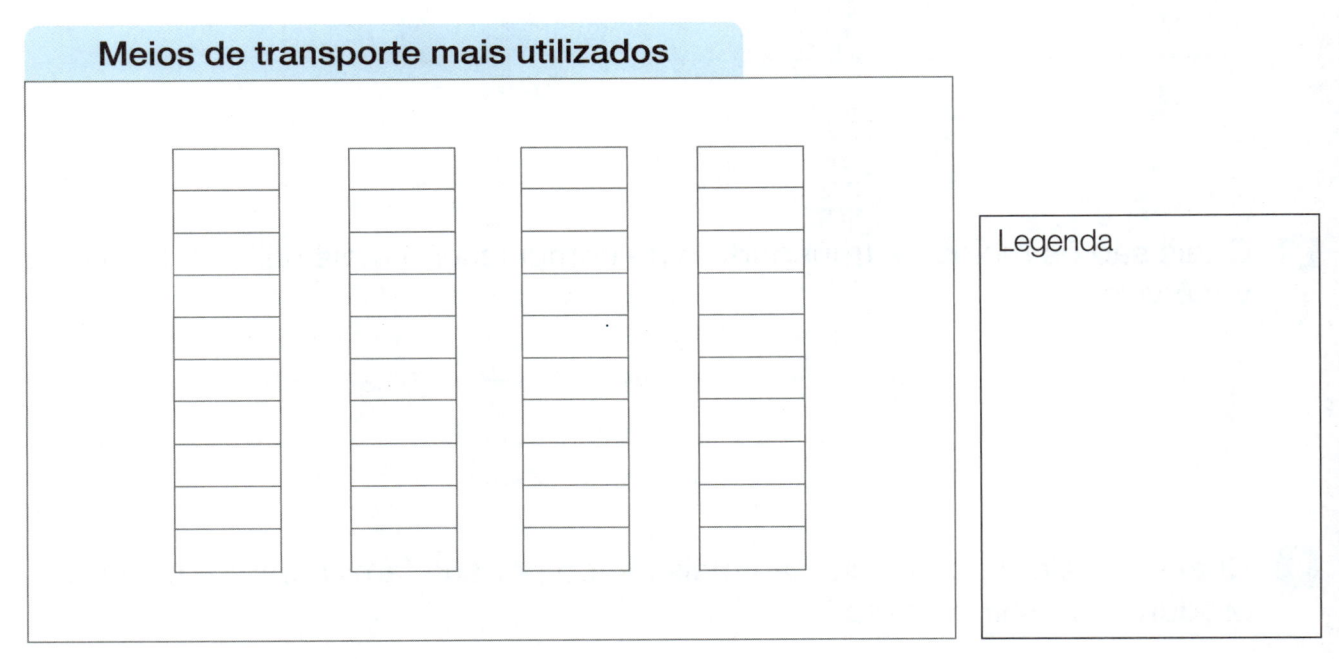

Meios de comunicação mais utilizados

Legenda

Meios de transporte mais utilizados

Legenda

2 De acordo com os gráficos, qual é o meio de comunicação e o meio de transporte mais utilizados pelos familiares dos alunos?

Meio de comunicação: _____

Meio de transporte: _____

Ligando os pontos

1 Identifique as imagens que mostram atividades de comércio e as imagens que mostram atividades de serviço. Pinte os quadrinhos de acordo com a legenda.

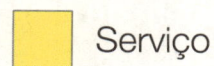

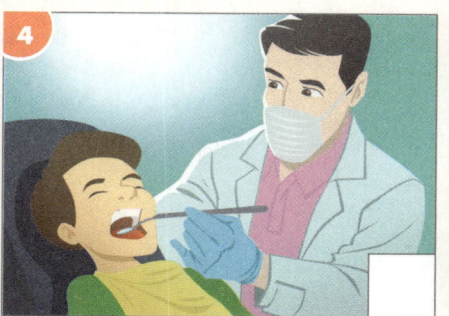

▪ Comércio   ▪ Serviço

1. SUPERMERCADO
2. ESCOLAR
3. FARMÁCIA
4. (dentista)
5.  MUDANÇA
6. Super Banca
7. (passeio a cavalo)
8. 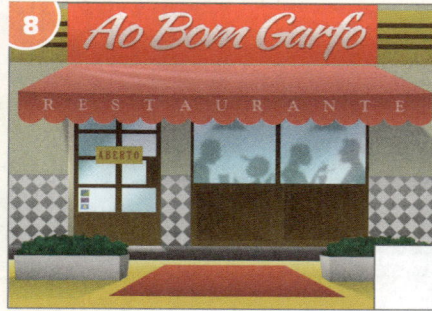 Ao Bom Garfo - RESTAURANTE
9. (veterinário)

2 Quais imagens mostram atividades predominantes no espaço urbano? E no espaço rural?

Espaço urbano: _____

Espaço rural: _____

3 Em sua opinião, quais tipos de comércio e de serviços são mais importantes no espaço rural? E no espaço urbano?

125

Refletindo mais

A natureza pede cuidado!

Observe a imagem de uma paisagem que foi ocupada e modificada pelas pessoas.

1 Quais problemas vocês observam nos espaços urbano e rural mostrados na imagem?

_____

_____

2 Há semelhanças entre a paisagem representada na imagem e a paisagem do lugar onde você vive? Justifique.

_____

_____

Unidade 4

Espaço rural e espaço urbano: desafios

2

Primeiros contatos

Que desafios podem existir nos espaços mostrados nas imagens 1 e 2?

19 Espaço rural: alguns desafios

Como vimos, a agricultura e a pecuária vêm passando por um processo de modernização, levando a um crescimento significativo dessas atividades. No entanto, há alguns desafios a serem enfrentados.

Desafio à vista!

Quais são os principais problemas existentes no espaço rural?

Desmatamento

O crescimento de áreas de cultivo e de pastagens em direção às áreas de vegetação natural têm provocado desmatamento.

Área desmatada para agricultura na floresta amazônica no município de Porto Grande, estado do Amapá, em 2012.

Muitas vezes, pratica-se a queimada para limpar o terreno para as atividades agropecuárias.

Queimada para formação de pastagens no município de Zé Doca, estado do Maranhão, em 2014.

1 Por que a agricultura e a pecuária podem levar ao desmatamento de extensas áreas?

_____
_____
_____

Êxodo rural

O deslocamento de pessoas do campo para as cidades é chamado de **êxodo rural**.

O uso cada vez mais frequente de máquinas e equipamentos agrícolas, substituindo a mão de obra do trabalhador rural nas atividades do campo, contribui bastante para o êxodo rural.

Na maioria das vezes, a população rural deixa o campo com a esperança de encontrar melhores condições de vida nas cidades.

Máquinas colheitadeiras em plantação de soja no município de Tangará da Serra, estado de Mato Grosso, em 2012.

2 Se as pessoas tivessem trabalho e melhores condições de vida no campo, elas sairiam do espaço rural? Converse com o professor e os colegas e anote as conclusões no caderno.

Cartografando

Observe a tabela que mostra a evolução das populações urbana e rural no Brasil, com base nos censos demográficos*.

Brasil: população urbana e rural (1960-2010)		
Ano	População urbana	População rural
1960	32.004.817 (45%)	38.987.526 (55%)
1970	52.904.744 (56%)	41.603.839 (44%)
1980	82.013.375 (68%)	39.137.198 (32%)
1991	110.875.826 (76%)	36.041.633 (24%)
2000	137.755.550 (81%)	31.835.143 (19%)
2010	160.925.792 (84%)	29.830.007 (16%)

Fonte: IBGE. *Sinopse do censo demográfico 2010*. Rio de Janeiro: IBGE, 2011.

Agora, observe os dados da tabela representados em um gráfico.

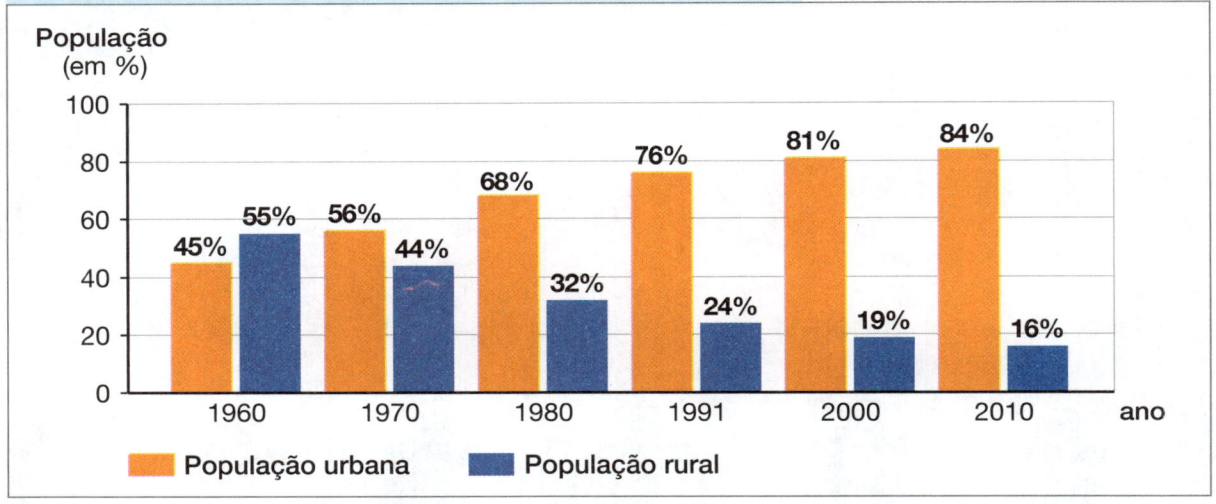

Brasil: população urbana e rural (1960-2010)

Fonte: IBGE. *Sinopse do censo demográfico 2010*. Rio de Janeiro: IBGE, 2011.

1 O que a tabela desta página mostra?

_____

_____

2 E o gráfico, o que ele mostra?

_____

_____

3 O que você percebeu quando analisou a tabela e o gráfico da página anterior?

_____

_____

4 Em 1960, havia mais pessoas morando no espaço rural ou no espaço urbano?

_____

_____

5 Em que ano a população urbana se tornou maior que a rural?

_____

_____

6 Observe novamente o gráfico da página anterior.

   a) O que representam as cores laranja e azul?

   _____

   _____

   b) O que aconteceu com a população rural no período de 1970 a 2010? Por quê?

   _____

   _____

   _____

7 Complete a informação.

Os números indicados no gráfico da página anterior são porcentagens e demonstram que, em 1960, por exemplo, de cada 100 pessoas que viviam no Brasil, 45 moravam no espaço urbano e 55 no espaço rural.

Já em 2010, _____ % da população brasileira vivia no espaço urbano e apenas _____ % da população vivia no espaço rural.

Uso excessivo de agrotóxicos

Objeto digital
• Atividade interativa

Nos últimos anos, tornou-se cada vez mais comum a utilização de agrotóxicos nas lavouras. Os **agrotóxicos** são substâncias químicas usadas para prevenir ou eliminar pragas e doenças que atacam as plantações, aumentando assim a produção agrícola.

Mas a utilização frequente e inadequada dessas substâncias químicas pode causar grandes riscos à saúde humana, além de contaminar o meio ambiente, sobretudo o solo e os cursos d'água.

Amostras de alimentos com resíduos de agrotóxicos (2012)

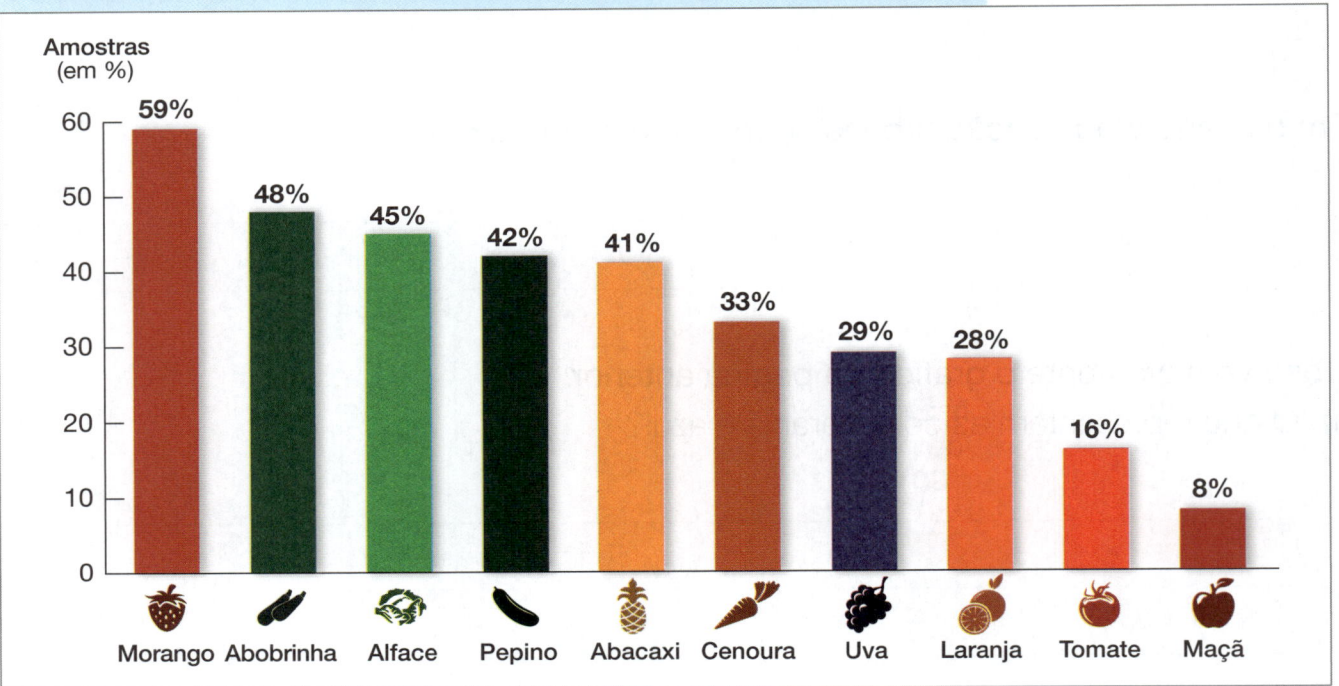

Amostras (em %)

- Morango: 59%
- Abobrinha: 48%
- Alface: 45%
- Pepino: 42%
- Abacaxi: 41%
- Cenoura: 33%
- Uva: 29%
- Laranja: 28%
- Tomate: 16%
- Maçã: 8%

Fonte: Anvisa. *Programa de Análise de Resíduos de Agrotóxicos em Alimentos*. Relatório de atividades 2011 e 2012; Relatório complementar 2012.

3 De acordo com o gráfico acima, quais são os três alimentos que mais contêm agrotóxicos?

_____

4 Quais são as vantagens da utilização de agrotóxicos no campo?

_____

5 Quais são os efeitos da utilização inadequada dos agrotóxicos para o meio ambiente?

_____

20 Unidades de conservação

Objeto digital
- Mapa interativo: *Brasil: unidades de conservação.*

As unidades de conservação são criadas pelo governo. Elas são áreas com características naturais relevantes que devem ser preservadas. No Brasil, elas podem ser de dois tipos: unidades de conservação de proteção integral ou unidades de conservação de uso sustentável. Vamos conhecer cada tipo.

- **Unidades de conservação de proteção integral:** são as unidades onde não se pode explorar e aproveitar diretamente os recursos naturais. No interior dessas unidades, não são permitidas a construção de moradias nem as atividades agropecuárias. Exemplos desse tipo de unidade de conservação são os parques nacionais.

Parque Nacional da Chapada dos Guimarães, no estado de Mato Grosso, em 2014.

Extração de látex no município de Xapuri, estado do Acre, em 2012.

- **Unidades de conservação de uso sustentável:** são as unidades onde é permitido o uso dos recursos naturais de forma planejada, isto é, são admitidas as atividades de coleta e extração dos recursos, desde que seja garantida a sobrevivência de plantas e animais e dos hábitos tradicionais das populações que vivem naquele meio. Exemplos desse tipo de unidade de conservação são as reservas extrativistas.

1. Qual é a importância das unidades de conservação?

2. Explique a diferença entre as unidades de conservação de proteção integral e as unidades de conservação de uso sustentável.

Cartografando

Observe o mapa.

Brasil: unidades de conservação

- Unidades de conservação de proteção integral
- Unidades de conservação de uso sustentável

Fonte: Instituto Socioambiental. *Unidades de conservação no Brasil.* Disponível em: <http://mod.lk/uc_br>. Acesso em: 26 nov. 2014.

a) O que o mapa mostra?

_____

_____

b) De que maneira foram representadas, no mapa, as unidades de conservação de:

- proteção integral? _____

_____

- uso sustentável? _____

_____

c) Procure informações sobre as unidades de conservação que existem no estado ou no município onde você vive. Indique o nome, o tipo de unidade, os motivos que levaram essa área a tornar-se uma unidade de conservação e os principais problemas que ela enfrenta.

Você sabia?

Vários problemas põem em risco a preservação da natureza nas unidades de conservação.

- **Queimadas e incêndios:** sobretudo nos períodos mais secos do ano, algumas unidades de conservação têm suas áreas parcialmente destruídas pelo fogo iniciado naturalmente ou provocado por pessoas.

- **Extração irregular de madeira e recursos minerais:** algumas unidades de conservação são invadidas por madeireiros e garimpeiros, que retiram ilegalmente árvores de valor comercial e minerais.

- **Caça irregular e tráfico de animais e plantas silvestres:** a caça e o tráfico de animais e plantas das unidades de conservação colocam em risco a sobrevivência de algumas espécies.

Madeira ilegal extraída da terra indígena Alto Rio Guamá no município de Nova Esperança do Piriá, estado do Pará, em 2013.

- **Falta de controle e fiscalização:** algumas unidades de conservação têm grandes extensões e faltam funcionários para garantir a vigilância e a fiscalização da área.

Turistas acampam no Parque Nacional do Monte Roraima no município de Uiramutã, estado de Roraima, em 2014. Ao visitar as unidades de conservação, os turistas devem ter atitudes que colaborem com a preservação do ambiente.

21 Terras indígenas e comunidades quilombolas

As terras indígenas

Existem terras indígenas em muitos municípios do Brasil.

A terra indígena é um território legalmente demarcado pelo governo federal*, que tem como obrigação protegê-la.

A demarcação de uma terra indígena deve respeitar:

- os costumes e as tradições do povo indígena;
- os locais onde ocorrem as atividades necessárias para a sobrevivência cultural e física do povo indígena, como a pesca, a caça, a coleta e o plantio.

Alguns povos indígenas ainda não tiveram suas terras demarcadas.

Vista de aldeia do povo Yawalapiti no município de Querência, estado de Mato Grosso, em 2011.

Cartografando

Observe o mapa.

Brasil: terras indígenas

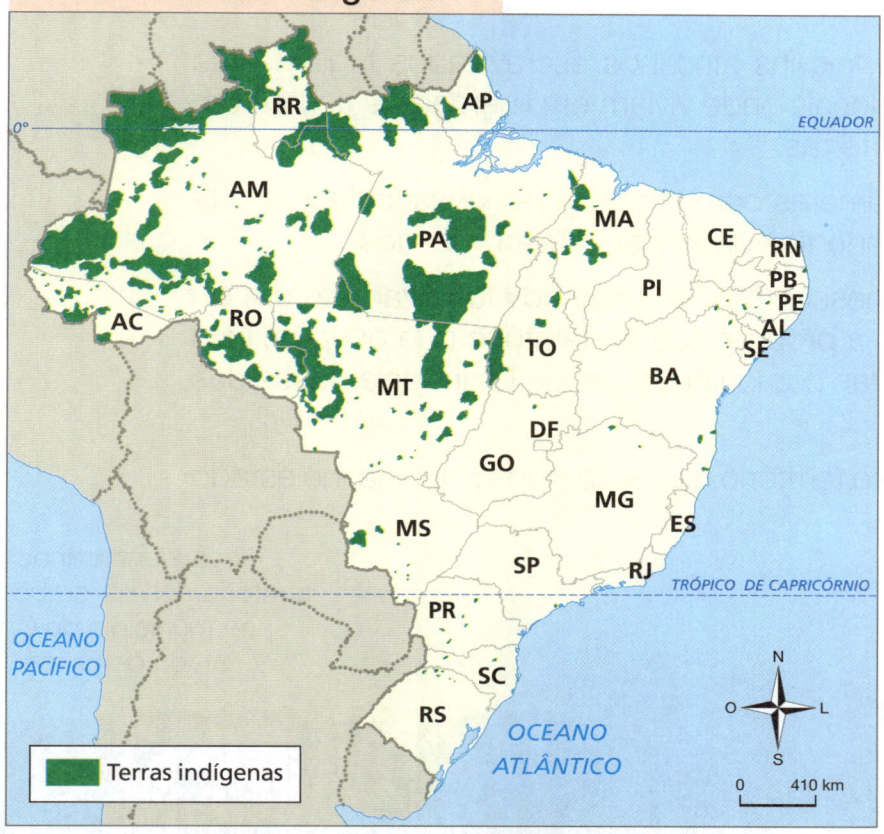

Fonte: Instituto Socioambiental. Povos indígenas no Brasil — Mirim. *Terras indígenas?* Disponível em: <http://mod.lk/terraind>. Acesso em: 26 nov. 2014.

a) O que o mapa mostra?

_____

b) Em que estados as terras indígenas são mais extensas?

_____

c) A concentração de terras indígenas ocorre em locais próximos ou distantes do litoral? Você imagina por quê?

_____

_____

_____

d) No lugar onde você vive há populações indígenas? Em caso afirmativo, conte ao professor e aos colegas o que você sabe sobre esses povos.

As terras quilombolas

Após a chegada dos colonizadores portugueses às terras brasileiras, milhões de negros africanos foram trazidos para trabalhar na condição de escravos, principalmente nos engenhos de cana-de-açúcar, na mineração e no cultivo de café.

Reagindo à escravidão, alguns africanos escravizados fugiam e se refugiavam em **quilombos**, locais onde viviam em liberdade e tinham um sistema de uso coletivo das terras.

Atualmente, existem inúmeras comunidades remanescentes de quilombos que abrigam descendentes de africanos escravizados.

As comunidades remanescentes de quilombos localizam-se em diferentes estados do Brasil e a propriedade do território que ocupam lhes é garantida por lei. Mas muitas comunidades ainda lutam pela posse das terras às quais têm direito.

A foto a seguir identifica o território dos quilombos Kalunga, no estado de Goiás.

Placa identificando a área do território dos quilombos Kalunga no município de Cavalcante, estado de Goiás, em 2010.

Cada comunidade remanescente de quilombo tem uma identidade própria e procura preservar seu modo de vida e suas características culturais.

Comunidade quilombola Mimbó no município de Amarante, estado do Piauí, em 2014.

1 Qual é a origem das comunidades quilombolas?

_____

_____

2 Como é o sistema de uso das terras quilombolas?

☐ Coletivo. ☐ Individual.

3 No seu município há alguma comunidade remanescente de quilombos? Qual?

_____

_____

Você sabia?

Terras indígenas têm sido invadidas por não indígenas que querem explorá-las economicamente, comprometendo o ambiente natural e o modo de vida das populações indígenas.

Para garantir a sobrevivência dessas populações, é preciso respeitar o direito delas às terras em que vivem.

Com relação às terras quilombolas, as condições de vida da população têm se mostrado difícil, pois poucos serviços públicos chegam a esses locais.

De acordo com o Programa Brasil Quilombola, em 2012 existiam 214 mil famílias quilombolas em todo o Brasil, sendo que 75% dessas famílias viviam em situação de extrema pobreza.

Muitas comunidades remanescentes de quilombos lutam pelo reconhecimento governamental.

Vista de aldeia do povo Waurá no município de Gaúcha do Norte, estado de Mato Grosso, em 2013.

Comunidade quilombola Mimbó no município de Amarante, estado do Piauí, em 2014.

Ligando os pontos

1 Relacione as legendas às respectivas fotos.

1 Fiscais realizando operação contra a extração ilegal de madeira no município de Novo Progresso, estado do Pará, em 2012.

2 Estrada separa terras indígenas do povo Avá Guarani (à direita) de terras não indígenas (à esquerda) no município de São Miguel do Iguaçu, estado do Paraná, em 2014.

3 Agricultor aplicando agrotóxico em plantação no município de Santa Maria, estado do Rio Grande do Sul, em 2011.

2 Escolham um problema do espaço rural e criem um cartaz para uma campanha de conscientização das pessoas. O professor vai expor os cartazes em classe.

22 Espaço urbano: alguns desafios

O crescimento do espaço urbano em alguns municípios tem gerado problemas para seus moradores.

Você imagina por que as áreas urbanas desses municípios têm crescido tanto? Será que a observação das fotos a seguir pode dar alguma pista?

Desafio à vista!

Quais são os principais desafios existentes no espaço urbano?

Ladeira Porto Geral no município de São Paulo, estado de São Paulo, em 1915.

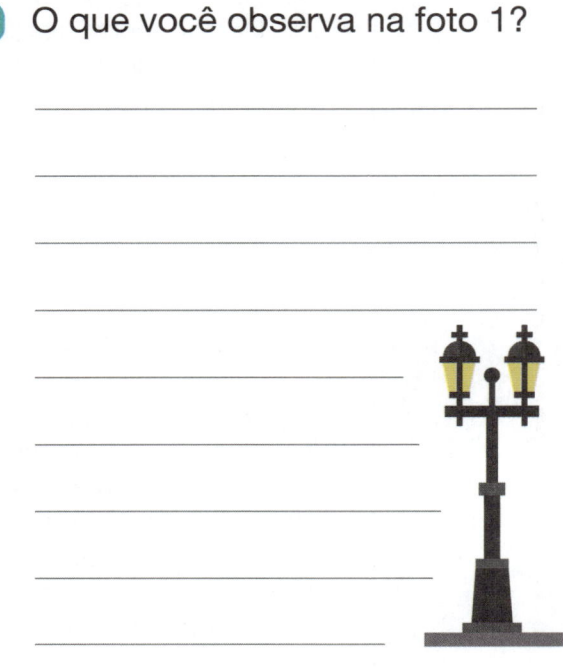

Ladeira Porto Geral no município de São Paulo, estado de São Paulo, em 2013.

1 O que você observa na foto 1?

_____
_____
_____
_____
_____
_____
_____
_____
_____

2 E o que você observa na foto 2?

_____
_____
_____
_____
_____
_____
_____
_____
_____

3 Nas fotos da página anterior, quais elementos da paisagem mostram que houve crescimento da população? Explique.

_____
_____
_____
_____
_____

4 Assinale as consequências que geralmente ocorrem no espaço urbano de um município devido ao crescimento da população.

☐ As indústrias se expandem.

☐ O comércio se desenvolve.

☐ O número de escolas diminui.

☐ A limpeza pública torna-se deficiente.

5 Observe novamente a tabela da página 132.

a) Qual foi o crescimento da população urbana de 1960 a 2010?

_____
_____
_____

b) Quanto a população rural diminuiu entre 1960 e 2010?

_____
_____
_____
_____

Os maiores municípios do Brasil

Em vários municípios brasileiros houve grande crescimento da população. Atualmente, esses municípios têm mais de um milhão de habitantes, comércio intenso, serviços variados e indústrias diversificadas, além de muitos problemas sociais e ambientais.

Observe no mapa a seguir quais são os municípios com mais de um milhão de habitantes.

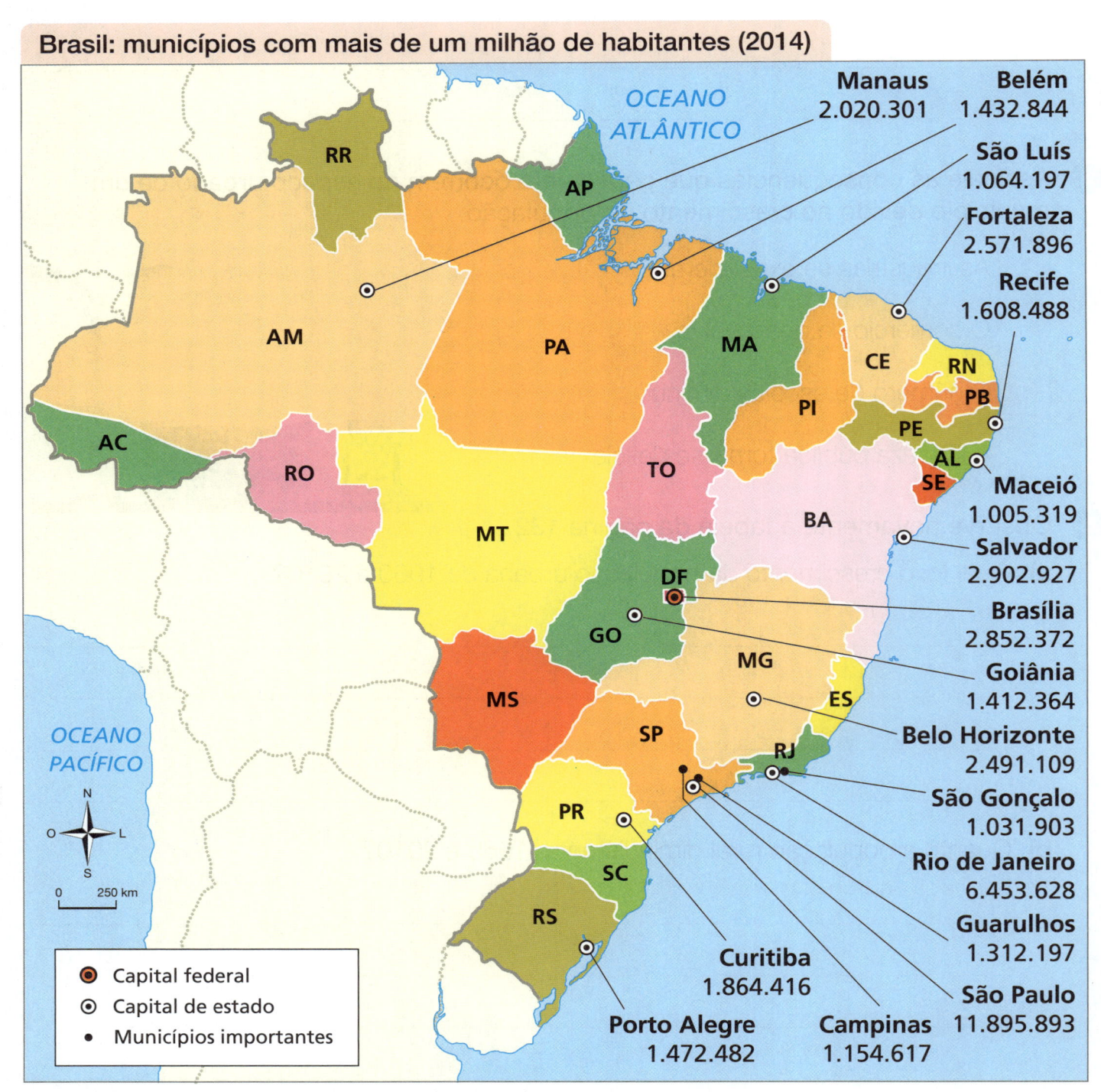

Como localizar?

Brasil: municípios com mais de um milhão de habitantes (2014)

- Manaus: 2.020.301
- Belém: 1.432.844
- São Luís: 1.064.197
- Fortaleza: 2.571.896
- Recife: 1.608.488
- Maceió: 1.005.319
- Salvador: 2.902.927
- Brasília: 2.852.372
- Goiânia: 1.412.364
- Belo Horizonte: 2.491.109
- São Gonçalo: 1.031.903
- Rio de Janeiro: 6.453.628
- Guarulhos: 1.312.197
- São Paulo: 11.895.893
- Campinas: 1.154.617
- Curitiba: 1.864.416
- Porto Alegre: 1.472.482

Legenda:
- ⦿ Capital federal
- ⊙ Capital de estado
- • Municípios importantes

Fonte: IBGE. *IBGE divulga as estimativas populacionais dos municípios em 2014*. Disponível em: <http://mod.lk/ibge>. Acesso em: 19 nov. 2014.

Cartografando

1 Qual é o título do mapa mostrado na página anterior?

_____

_____

_____

2 Quais são os três municípios mais populosos do Brasil?

_____

_____

_____

3 O município onde você vive está indicado no mapa?

☐ Sim ☐ Não

a) Em caso afirmativo, qual é a população?

_____

_____

_____

b) Em caso negativo, explique por que não aparece no mapa.

_____

_____

_____

4 Nos maiores municípios do Brasil, a população está concentrada no:

☐ espaço rural. ☐ espaço urbano.

5 Converse com um adulto da escola ou de sua casa sobre os fatores que contribuíram ou contribuem para o crescimento do município onde você mora. Faça anotações e apresente-as aos colegas e ao professor, completando-as, se necessário.

Alguns desafios das grandes cidades

As grandes cidades apresentam vários desafios no seu dia a dia. Vamos conhecer alguns deles? Aproveite para avaliar se eles ocorrem em seu lugar de vivência.

A falta de moradias dignas a preços mais acessíveis à população é um dos maiores problemas das grandes cidades. Muitas pessoas sem condição de comprar ou alugar uma casa acabam morando em favelas, localizadas na maioria das vezes em áreas inadequadas, como nas encostas de morros e nas margens de rios e córregos.

Moradias em área de risco no município de Nova Friburgo, estado do Rio de Janeiro, em 2011.

Moradias às margens de córrego no município de São Paulo, estado de São Paulo, em 2014.

Os sistemas de transporte coletivo geralmente são deficientes e contribuem para o aumento do número de veículos que circulam nas cidades. Isso causa congestionamentos, que dificultam o deslocamento das pessoas no dia a dia, além de agravar a poluição do ar.

Outros problemas que afetam a vida das pessoas nas cidades estão relacionados com a má qualidade dos serviços públicos essenciais, nas áreas de saúde, educação, saneamento e segurança.

Fila de pessoas aguardando atendimento em posto de saúde no município de São Paulo, estado de São Paulo, em 2011.

Congestionamento em avenida no município de Salvador, estado da Bahia, em 2011.

6 Na área urbana do município onde você vive existem os problemas mencionados? Quais?

_____

_____

7 Que outros problemas ocorrem na área urbana do município onde você vive?

_____

_____

8. Em sua opinião, quais alternativas ajudariam a solucionar os problemas urbanos? Faça um desenho e escreva sobre essa solução.

_____
_____
_____
_____
_____

Ligando os pontos

1 Procure em revistas e jornais uma notícia que trate de um problema urbano no lugar onde você vive e cole-a abaixo.

2 Pense em uma proposta para minimizar ou solucionar o problema pesquisado. Depois, apresente-a para seu professor e seus colegas.

23 Desenvolvimento sustentável

Desafio à vista!
Você sabe o que é sustentabilidade?

Podemos satisfazer nossas necessidades atuais e promover o crescimento econômico sem comprometer o meio ambiente para as futuras gerações?

A resposta a essa pergunta é a ideia central do desenvolvimento sustentável.

Construções inteligentes

Pensando no desenvolvimento sustentável, novos métodos de construção, ecologicamente corretos, têm sido desenvolvidos.

Objeto digital
• Atividade: *Cidade sustentável*.

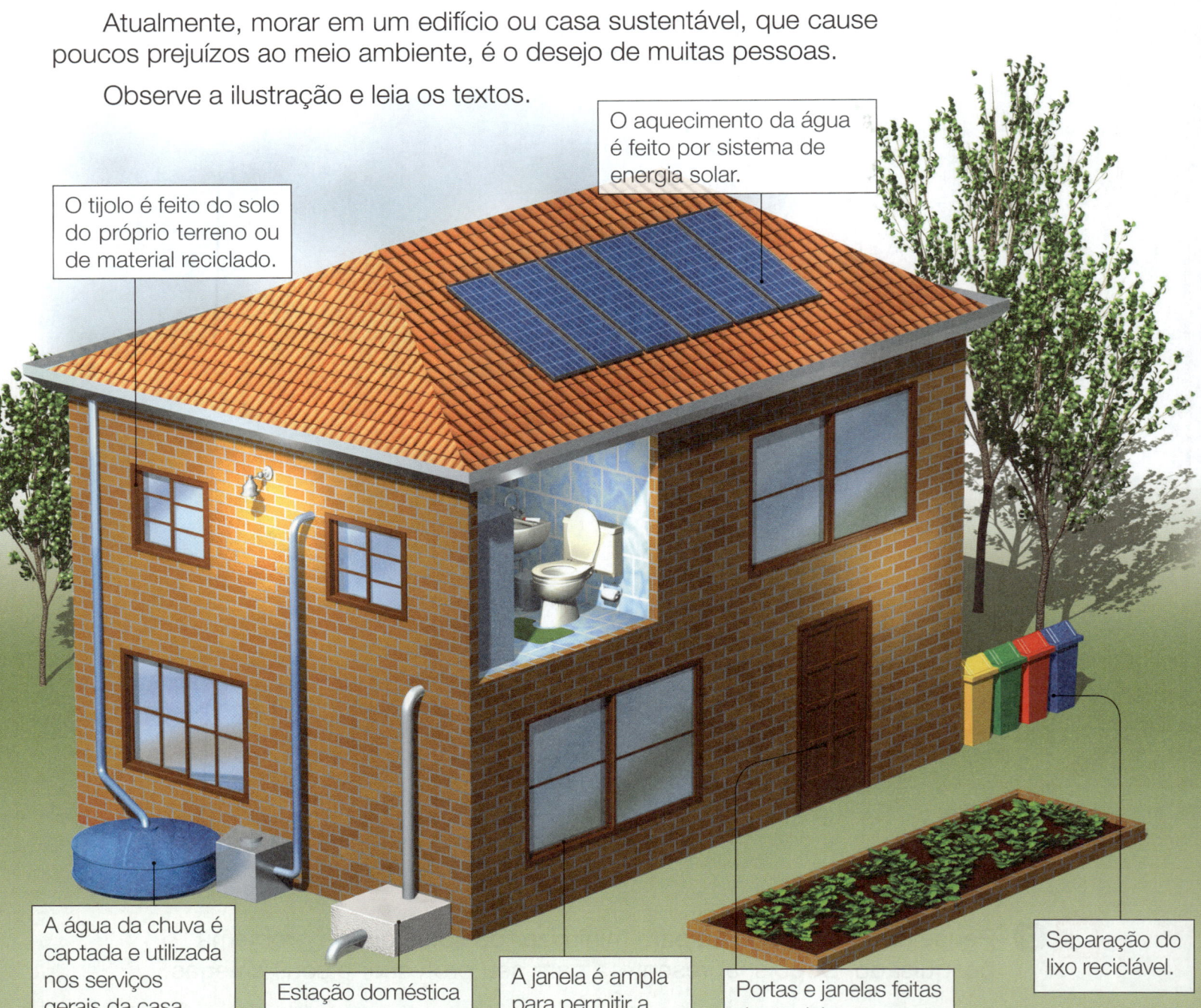

Atualmente, morar em um edifício ou casa sustentável, que cause poucos prejuízos ao meio ambiente, é o desejo de muitas pessoas.

Observe a ilustração e leia os textos.

O aquecimento da água é feito por sistema de energia solar.

O tijolo é feito do solo do próprio terreno ou de material reciclado.

A água da chuva é captada e utilizada nos serviços gerais da casa.

Estação doméstica de tratamento de esgoto.

A janela é ampla para permitir a entrada de luz solar.

Portas e janelas feitas de madeira com certificado de origem.

Separação do lixo reciclável.

Cartografando

Você vai projetar uma casa ecológica. Para isso, siga as dicas.

✔ Calcule o tamanho do terreno e determine o tamanho da casa.

✔ Evite retirar as árvores do terreno.

✔ Pense em quais materiais utilizar para fazer as paredes, o telhado, os tijolos; que tipo de energia será utilizada; como a água poderá ser reaproveitada. Quanto menos itens você tiver de comprar, melhor! Reutilize!

Como representar?

A agricultura orgânica

A agricultura orgânica é um sistema de produção agrícola em que não são utilizados adubos químicos nem agrotóxicos.

Ela tem a vantagem de preservar a natureza e não prejudicar a saúde do agricultor e dos consumidores.

TIPOS DE CULTIVO X IMPACTO AMBIENTAL
Diferenças entre agricultura orgânica e convencional

ORGÂNICA	CONVENCIONAL
Solo	
> Uso de adubos orgânicos (esterco, palha)	> Uso de adubos químicos, herbicidas e agrotóxicos
> Plantio direto (palha e restos da colheita são deixados no solo, ajudando na adubação)	> Monocultura (cultivo de uma única espécie por longo tempo), que desgasta o solo e pede mais adubo químico
> Uso de técnicas manuais de plantio previne a erosão	> Uso de máquinas pode levar à erosão
Água	
> Adubos naturais não contaminam os rios; a natureza reabsorve esses componentes	> Fertilizantes e defensivos químicos podem contaminar a água
Biodiversidade	
> Controle de pragas é biológico: insetos comem outros insetos; ervas daninhas são extraídas manualmente	> Pesticidas e herbicidas matam as pragas, mas afetam outras espécies, reduzindo a biodiversidade local
> Podem ser utilizados pesticidas feitos de plantas	> Animais são criados confinados e alimentados com ração; recebem hormônios e antibióticos
> Animais se alimentam de pasto e não tomam antibióticos e hormônios	

Fonte: Associação de Agricultura Orgânica (AAO)

FREITAS, Tatiana. No estágio da semente. *Folha de S.Paulo*, São Paulo, 5 jun. 2013, Especial Meio Ambiente, p. 4.

1 Em sua opinião, qual é a principal vantagem da agricultura orgânica em relação à agricultura convencional?

2 Em sua opinião, por que a agricultura convencional ainda é a mais praticada?

O ecoturismo

O ecoturismo é uma atividade turística que permite às pessoas conhecer a diversidade natural e cultural de determinado lugar. Mas, para que o ecoturismo aconteça de modo sustentável, ele precisa ser feito de forma planejada e cuidadosa.

Para isso, é importante seguir algumas orientações.

- Respeite os costumes e as tradições das pessoas que vivem no local visitado.
- Respeite a natureza. Da natureza só levamos fotografias e lembranças na memória.
- Leve algumas sacolas para recolher o lixo que produzir durante o passeio. Depois, descarte-o em local apropriado.

Turistas caminham em trilha no Parque Nacional da Serra dos Órgãos no município de Teresópolis, estado do Rio de Janeiro, em 2014.

3. Em sua opinião, qual é a principal vantagem da prática do ecoturismo?

4. Você já praticou ecoturismo? Em caso positivo, compartilhe sua experiência com os colegas e o professor.

24 A preservação dos patrimônios culturais e naturais

Buscando manter viva a nossa história e memória, objetos, construções, ambientes naturais e manifestações culturais foram declarados patrimônios, com a finalidade de serem preservados. Preservar a cultura e a natureza dos espaços rurais e urbanos é importante para nos informarmos sobre o passado e também para pensarmos no futuro.

Preservando o patrimônio cultural

Para impedir que bens de valor histórico, artístico, arquitetônico, cultural, ambiental e também de valor afetivo para a população venham a ser destruídos ou descaracterizados, o poder público realiza, por meio de legislação específica, um ato administrativo chamado tombamento. Dessa forma, qualquer bem tombado está sujeito às reformas que regulam sua manutenção. Embora muito já tenha sido feito, somos ainda muito carentes da consciência de preservação.

Rosane Acedo Vieira. *Carta na Escola*. São Paulo: Confiança. n. 12, dez. 2006.

O Parque Nacional do Iguaçu, no estado do Paraná, foi declarado patrimônio natural da humanidade. O parque foi criado em 1939, com o objetivo de proteger uma área de floresta e as cataratas do Rio Iguaçu.

Vista das cataratas do Rio Iguaçu, no Parque Nacional do Iguaçu, em 2014.

O centro histórico do município de Diamantina, no estado de Minas Gerais, foi declarado patrimônio cultural da humanidade. A formação do município está ligada à exploração de ouro e diamante no século XVIII.

Praça Juscelino Kubitschek no município de Diamantina, estado de Minas Gerais, em 2014.

O Parque Nacional da Serra da Capivara, no estado do Piauí, foi declarado patrimônio cultural da humanidade. Nele encontram-se pinturas feitas em rochas que representam aspectos do dia a dia, danças e ritos dos antigos habitantes da região, além de figuras de animais.

Pinturas em rochas no Parque Nacional da Serra da Capivara, estado do Piauí.

O monumento do Cristo Redentor, localizado no Morro do Corcovado, no estado do Rio de Janeiro, foi declarado patrimônio cultural da humanidade, assim como outras paisagens cariocas. Inaugurado em 1931, o monumento foi eleito, em 2007, uma das novas sete maravilhas do mundo.

Vista do Cristo Redentor no Morro do Corcovado, estado do Rio de Janeiro, em 2012.

1 Por que é importante preservar objetos, construções e ambientes naturais?

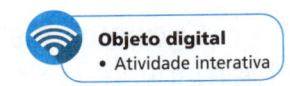

- Apresente suas respostas para o professor e os colegas. Se necessário, complete suas respostas.

_____
_____
_____
_____
_____
_____
_____

2 Como as autoridades governamentais e a população podem contribuir para preservar objetos, construções e ambientes naturais?

_____
_____
_____
_____
_____

3 Em seu município existe algum patrimônio cultural ou natural? Qual é o estado de conservação desse patrimônio?

_____
_____
_____
_____
_____
_____
_____

Ligando os pontos

Será que a sustentabilidade faz parte das suas ideias, práticas e escolhas no dia a dia? Vamos fazer um teste? Escolha uma das alternativas para a continuação de cada frase.

1. Quando viajo para um lugar,
   a) procuro respeitar as tradições culturais da população local e realizar atividades que não comprometam a preservação do meio ambiente.
   b) espero que as pessoas da localidade não interfiram nos meus hábitos e que me deixem explorá-la sem qualquer limite.

2. Eu acredito que a preservação de uma construção bem antiga no município onde moro
   a) tem importância, pois traz a possibilidade de entender melhor o presente com base em fatos passados.
   b) tem importância apenas para a população idosa ou para os pesquisadores.

3. A casa em que eu gostaria de morar um dia
   a) seria, na medida do possível, construída com o reaproveitamento de materiais.
   b) seria construída com materiais novos.

4. Sempre que possível, indico a compra de legumes, frutas e vegetais
   a) orgânicos, pois não contêm agrotóxicos que podem fazer mal à saúde humana.
   b) convencionais, pois têm a aparência mais bonita.

5. Quando tiver a oportunidade de conhecer um parque nacional,
   a) não deixarei nada para trás, a não ser as minhas pegadas.
   b) deixarei para trás todo o lixo e os resíduos do que eu consumir no local.

Contabilize 2 pontos para cada resposta "a" e 0 ponto para cada resposta "b". Consulte o resultado de acordo com a soma dos pontos.

Número de pontos	Resultado
10 pontos	Parabéns! Você leva a ideia do desenvolvimento sustentável a sério!
6 a 8 pontos	Você é consciente, mas pode melhorar!
2 a 4 pontos	Você não está muito consciente de alternativas sustentáveis.
0 ponto	Você precisa estudar e se informar muito mais sobre alternativas sustentáveis.

Refletindo mais

O município ideal

Se você pudesse criar um município, como ele seria?

Você e seu grupo vão projetar um município sustentável, pensando na economia de energia e água e que seja um lugar agradável para viver.

Leia algumas ideias que podem auxiliar no seu projeto.

- Construções "verdes" são aquelas ecologicamente corretas, com menor consumo de água e energia e com reciclagem de lixo.
- A energia solar e a energia eólica* não contribuem para aumentar o aquecimento global. São chamadas "energias limpas".
- É importante que os deslocamentos dos moradores possam ser feitos a pé ou de bicicleta. O sistema de transporte coletivo deve ser eficiente.
- Promover o ecoturismo é uma maneira de preservar o meio ambiente. As atividades devem integrar o visitante com o ambiente, de maneira harmoniosa.
- A agricultura sustentável conserva os recursos naturais e fornece alimentos mais saudáveis, mantendo a produtividade agrícola.

Turbinas eólicas no município de Osório, estado do Rio Grande do Sul, em 2011.

Escrevam as primeiras ideias do projeto do município ideal. Para isso, considerem os seguintes aspectos em relação à organização do espaço urbano e do espaço rural.

Espaço urbano	Espaço rural
• Tamanho da cidade (grande, média ou pequena). • Meios de transporte predominantes. • Infraestrutura e serviços: escolas, posto de saúde, hospital, bancos, comércio, áreas de lazer, cinema, teatro. • Outros serviços e construções. • Utilização dos rios. • Áreas verdes.	• Propriedades rurais (grandes, pequenas). • Tipos de agricultura. • Tipos de gado criados pela pecuária. • Tipos de extrativismo. • Tipos de unidade de conservação. • Ecoturismo. • Utilização dos rios.

Lembre-se de que o objetivo é a economia de água e de energia, além de oferecer qualidade de vida à população.

Materiais

✔ Uma folha de papel grande
✔ Canetas coloridas

Como fazer

1. Determinem os espaços urbano e rural do município.
2. Considerem o que vocês já aprenderam, além do que foi sugerido no quadro acima.

Agora, mãos à obra! Criem e desenhem o projeto do município!

Depois, apresentem para toda a classe e ouçam os comentários de seus colegas sobre o projeto que vocês elaboraram.

De leitor para leitor

Unidade 1 — Vivemos em um município

Livro

- **Depois da Montanha Azul**
  Christiane Gribel. São Paulo: Salamandra.

  Depois da Montanha Azul existe uma cidade linda, com pássaros e árvores. Todos querem ver aquelas maravilhas e, ao subir a montanha, os curiosos descobrem muito mais do que esperavam. Lá do alto, descobrem-se coisas que sempre estiveram presentes, era só prestar atenção...

Unidade 2 — O município: transformação e organização

Livros

- **Salvador, a primeira capital do Brasil**
  Antonietta d'Aguiar Nunes. São Paulo: Cortez.

  Para conhecer mais sobre nosso país e sua cultura é importante saber onde tudo começou. Este livro nos convida a conhecer a cidade de Salvador, a primeira capital do Brasil, local onde começa a nossa história.

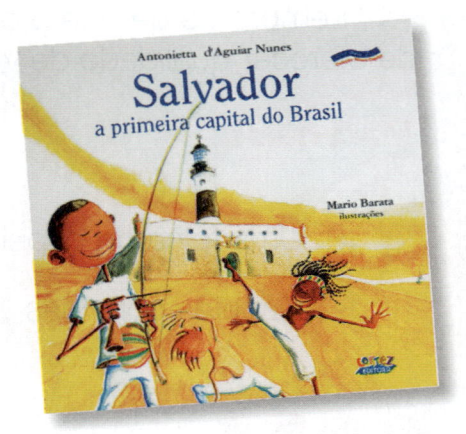

- **Do campo à mesa: o caminho dos alimentos**
  Teddy Chu. São Paulo: Moderna.

  Do plantio à colheita, da criação de animais à distribuição dos alimentos, este livro mostra que o alimento não cai do céu, custa dinheiro e depende do trabalho de muitas pessoas. E aproveita para passar algumas receitas, mostrando que aprender a cozinhar pode ser divertido.

> **Unidade 3** — Produção, trabalho e tecnologia

Livro

- **O homem que espalhou o deserto**
  Ignácio de Loyola Brandão. São Paulo: Global.

  A maior diversão do menino era pegar a tesoura e podar as folhas das árvores no quintal. Com o passar dos anos, ele cresceu e se aprimorou nessa prática, causando muitos problemas para a natureza.

> **Unidade 4** — Espaço rural e espaço urbano: desafios

Livros

- **Eu, você e tudo que existe**
  Liliana Iacocca. São Paulo: Ática.

  A fábula mostra, de forma poética, como é importante respeitar a natureza, apresentando os três estágios da relação do ser humano com o ambiente: o primeiro contato, o afastamento e a destruição e, por fim, o redescobrimento.

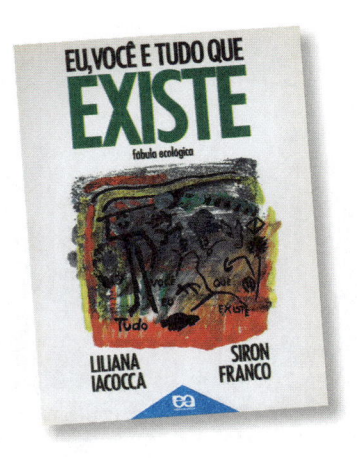

- **O povo Pataxó e suas histórias**
  Angthichay, Arariby, Jassanã, Manguahã, Kanátyo. São Paulo: Global.

  Professores indígenas pataxós revelam os hábitos de seu povo narrando histórias sobre caçadas, matas, rios, animais, ervas, roçados, estrelas, caciques...

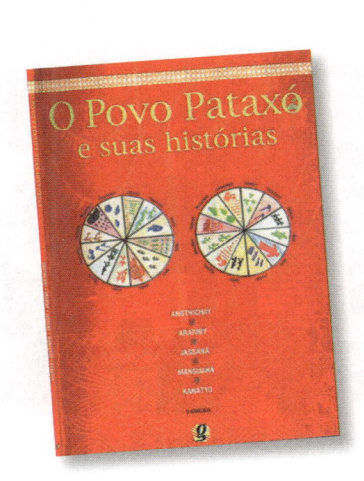

Glossário

- **Aço inoxidável**
  Tipo de liga metálica que não enferruja.

- **Agulha imantada**
  Agulha com propriedades magnéticas, isto é, capaz de atrair o ferro.

- **Álcool anidro**
  Tipo de álcool que não contém água.

- **Baía**
  Reentrância na faixa litorânea pela qual o mar penetra no interior da terra.

- **Brita**
  Pequenas pedras.

- **Censos demográficos**
  Estudos sobre a população de um país, um estado, um município ou uma região, que permitem recolher diversas informações, como número de habitantes, número de homens, mulheres, crianças e idosos, onde e como vivem essas pessoas, grau de escolaridade, atividade profissional, entre outros dados.

Vista da Baía de Guanabara, estado do Rio de Janeiro, em 2014.

- **Colheitadeiras**
Máquinas utilizadas para colher produtos agrícolas, como soja, trigo, milho e aveia, entre outros.

Colheitadeira em funcionamento durante a colheita de soja no município de Pinhal Grande, estado do Rio Grande do Sul, em 2014.

- **Confinados**
Que se encontram em um espaço fechado e dele não podem sair; presos.

- **Consenso**
Quando em um grupo de pessoas existe concordância de opiniões e pensamentos sobre determinado assunto.

- **Defensivo agrícola**
Produto químico utilizado para defender ou prevenir plantações de pragas agrícolas.

- **Energia eólica**
Energia gerada a partir da ação dos ventos.

Turbinas para produção de energia eólica no município de Aracati, estado do Ceará, em 2013.

Glossário

- **Gás carbônico**
  Gás introduzido na atmosfera pela respiração dos seres vivos e pela queima de produtos orgânicos. É fundamental para a manutenção da temperatura da Terra e, portanto, da vida no planeta.

- **Genes**
  Unidades que abrigam informações sobre certas características do indivíduo. Os genes estão presentes nos cromossomos, responsáveis por transmitir as características das pessoas de geração a geração.

- **Governo federal**
  Diz respeito à autoridade máxima do país. O governo federal é o responsável por assegurar e controlar as regras gerais da vida em sociedade.

- **Íngreme**
  Que é muito inclinado.

- **Mapa portulano**
  Mapa marítimo usado pelos antigos navegadores.

- **Matéria-prima**
  Substância essencial para a fabricação de um produto. A madeira, por exemplo, é a matéria-prima usada na fabricação de móveis.

- **Monocultura**
  Cultivo de um único produto agrícola.

- **Peixes ornamentais**
  São espécies de peixes que apresentam cores e formas chamativas, características que os tornam atraentes visualmente. Por essa razão, esses peixes costumam ser criados em aquários para fins decorativos.

Visitantes observam peixes ornamentais em aquário nas Bahamas, em 2013.

- **Pragas**
Doenças ou quaisquer formas de vida capazes de atacar ou destruir plantas e plantações em grandes proporções.

- **Satélites artificiais**
Equipamentos que geralmente orbitam a Terra e transportam instrumentos de pesquisa científica e de telecomunicações.

- **Semeadeiras**
Máquinas utilizadas para colocar sementes na terra. As semeadeiras cavam a terra e depositam as sementes; em seguida, cobrem as sementes com terra novamente.

- **Valor nutricional**
Diz respeito à quantidade de nutrientes que compõem os alimentos. Os principais tipos de nutriente são os carboidratos, as proteínas, os lipídios, as vitaminas e os sais minerais. Os carboidratos são encontrados na batata, mandioca e farinha. As proteínas estão presentes na carne, no leite e em ovos. Os lipídios estão em óleos e gorduras. As vitaminas A, B e C, por exemplo, e os sais minerais, como o cálcio e o ferro, são encontrados em verduras, frutas e legumes.

Semeadeira em funcionamento durante o plantio de milho no município de Chapadão do Sul, estado de Mato Grosso do Sul, em 2014.

Créditos das fotos (da esquerda para a direita, de cima para baixo)

p. 3	Frans Post – Museu do Louvre, Paris
p. 10	Ernesto Reghran/Pulsar Imagens
p. 14	Ricardo Teles/Pulsar Imagens; Rubens Chaves/Pulsar Imagens; Cesar Diniz/Pulsar Imagens; Gerson Gerloff/Pulsar Imagens
p. 15	João Prudente/Pulsar Imagens
p. 23	Liu Liqun/Corbis/Latinstock2014; Junior Rozzo; Carlos Cecconello/Folhapress
p. 26	Bible Land Pictures/AKG Photos/Newscom/Glow Images/British Museum – London; Roussin, Jean-François – Instituto de Estudos Brasileiros, Universidade de São Paulo, São Paulo
p. 27	Biblioteca Nacional, Paris, França
p. 28	Photo Scala, Florence – courtesy of the Ministero Beni e Att Culturali/Glow Images; The British Library, London-England
p. 29	Delfim Martins/Pulsar Imagens
p. 31	2010 Google Earth Pro
p. 32	Paolo Nespoli/ESA/NASA/Getty Images; © 2015 DigitalGlobe/© 2015 CNES/Astrium/Google Earth
p. 34	Rubens Chaves/Pulsar Imagens
p. 35	Sergey Mironov/Shutterstock
p. 42	Reprodução/Google Street View
p. 44/45	Revert Henrique Klumb/Instituto Moreira Salles; Rubens Chaves/Pulsar Imagens
p. 46	Fabio Colombini
p. 47	Michael Rosskothen/Shutterstock
p. 48	Edson Sato/Pulsar Imagens; Ricardo Azoury/Pulsar Imagens
p. 52	Giovanni Batista Ramusio e Giacomo Gastaldi – Acervo Museu Paulista da USP, São Paulo
p. 53	Johann-Moritz Rugendas – Biblioteca Municipal Mário de Andrade, São Paulo; Reprodução/Museus Castro Maya/Div Iconografia, Rio de Janeiro; Biblioteca Nacional, Rio de Janeiro
p. 55	Delfim Martins/Pulsar Imagens; Andre Dib/Pulsar Imagens
p. 56	Museu Paulista da USP, São Paulo; Gilberto Grecco/Olhar Imagem
p. 57	Gerson Gerloff/Pulsar Imagens
p. 58	Coleção Luiz Viana Filho
p. 62	Andre Dib/Pulsar Imagens
p. 63	Marcos Amend/Pulsar Imagens
p. 64	Gerson Gerloff/Pulsar Imagens; Thomaz Vita Neto/Tyba
p. 65	Cesar Diniz/Pulsar Imagens; G Evangelista/Opção Brasil Imagens
p. 67	Fernando Quevedo/Agência O Globo
p. 68	Cesar Diniz/Pulsar Imagens; Delfim Martins/Pulsar Imagens
p. 70	Paulo Manzi
p. 73	João Prudente/Pulsar Imagens; Zanone Fraissat/Folhapress
p. 74	Ernesto Reghran/Pulsar Imagens
p. 76	Adilson B Liporage/Opção Brasil Imagens
p. 78/79	Karlheinz Weichert/Tyba; Leo Drummond/Nitro
p. 82	Fabio Colombini; Tom Alves/Kino
p. 83	João Prudente/Pulsar Imagens
p. 84	Leo Drummond/Nitro; Jacek/Kino; Baloncici/Shutterstock; Baloncici/Shutterstock; Rubens Chaves/Pulsar Imagens
p. 85	Matka_Wariatka/Shutterstock; Kamnuan/Shutterstock
p. 88	João Prudente/Pulsar Imagens; Delfim Martins/Pulsar Imagens; Fabio Colombini
p. 90	Rogério Reis/Tyba; Cesar Diniz/Pulsar Imagens; Renato Soares/Pulsar Imagens
p. 91	Franco Hoff/Pulsar Imagens; Pierre Duarte/Estadão Conteúdo; Sergio Ranalli/Pulsar Imagens
p. 94	Dado Galdieri/Bloomberg/Getty Images; João Marcos Rosa/Nitro; Clayton de Souza/Estadão Conteúdo
p. 95	Delfim Martins/Pulsar Imagens
p. 98	Gerson Gerloff/Pulsar Imagens
p. 99	Thomaz Vita Neto/Tyba; Paulo Fridman/Pulsar Imagens; Edson Grandisoli/Pulsar Imagens; Gerson Gerloff/Pulsar Imagens
p. 100	Fabio Colombini; G Evangelista/Opção Brasil Imagens; Rosine Mazin/Opção Brasil Imagens
p. 101	Andrey Lobachev/Shutterstock; Ekkamai Chaikanta/Shutterstock
p. 102	Palê Zuppani/Pulsar Imagens; Thomaz Vita Neto/Pulsar Imagens
p. 103	Van Thanh Chuong/Shutterstock; Ronaldo Nina/Tyba
p. 104	Thomaz Vita Neto/Pulsar Imagens; Cesar Diniz/Pulsar Imagens
p. 108	Cesar Diniz/Pulsar Imagens; Thomaz Vita Neto/Pulsar Imagens; Ren Lihua/XINHUA/AFP
p. 109	Gerson Gerloff/Pulsar Imagens; Sunny Catty/Shutterstock2014
p. 110	Delfim Martins/Pulsar Imagens; Reprodução
p. 112	Anat Chant/Shutterstock; Supertrooper/Shutterstock; yevgeniy11/Shutterstock; Eric Isselee/Shutterstock; Jiang Hongyan/Shutterstock; Eric Isselee/Shutterstock; Anat Chant/Shutterstock; Jiang Hongyan/Shutterstock; Aksenova Natalya/Shutterstock
p. 113	Cesar Diniz/Pulsar Imagens; Gerson Sobreira/Terrastock
p. 115	Carlos Moura/CB/D.A Press; Gerson Sobreira/Terrastock
p. 118	Luciana Whitaker/Pulsar Imagens; Cesar Diniz/Pulsar Imagens
p. 119	João Prudente/Pulsar Imagens
p. 120	Rubens Chaves/Pulsar Imagens; Junior Rozzo; Saeed Khan/AFP
p. 130	Rogério Reis/Pulsar Imagens; Mario Tama/AFP
p. 131	Paulo Fridman/Pulsar Imagens
p. 135	Ed Viggiani/Pulsar Imagens; Ricardo Azoury/Pulsar Imagens
p. 137	Ricardo Moraes/Reuters/Latinstock; Andre Dib/Pulsar Imagens
p. 138	Renato Soares/Pulsar Imagens
p. 140	Fabio Colombini
p. 141	Candido Neto/Olhar Imagem
p. 142	Renato Soares/Pulsar Imagens; Candido Neto/Olhar Imagem
p. 143	Mauricio Simonetti/Pulsar Imagens; Gerson Gerloff/Pulsar Imagens; Nelson Feitosa/Ibama/Brazil-Amazon/Handout/Reuters/Latinstock
p. 144	Aurélio Becherini/Estadão Conteúdo; J Duran Machfee/Futura Press; TastyVector/Shutterstock
p. 145	TastyVector/Shutterstock
p. 148	Rubens Chaves/Pulsar Imagens; Anna Carolina Negri/Fotoarena
p. 149	Rivaldo Gomes/Folhapress; Mauricio Simonetti/Pulsar Imagens
p. 151	JeniFoto/Shutterstock
p. 153	JeniFoto/Shutterstock
p. 154	Folhapress
p. 155	Vitor Marigo/Tyba
p. 156	Vitor Marigo/Opção Brasil Imagens
p. 157	Cesar Diniz/Pulsar Imagens; Palê Zuppani/Pulsar Imagens; Sergio Israel/Pulsar Imagens
p. 160	Fabio Colombini/Ventos do Sul
p. 162	Reprodução
p. 163	Reprodução
p. 164	Gabriel Santos/Tyba
p. 165	Adri Felden/Argosfoto; Rubens Chaves/Pulsar Imagens
p. 166	Andre Arruda/Tyba
p. 167	Thomaz Vita Neto/Pulsar Imagens
p. 175	Jacek/Kino; Paulo Fridman/Pulsar Imagens
p. 176	Gerson Gerloff/Pulsar Imagens; R Maisonneuve, Publiphoto Diffusion/Science Photo Library/Latinstock

Encarte referente à página 17

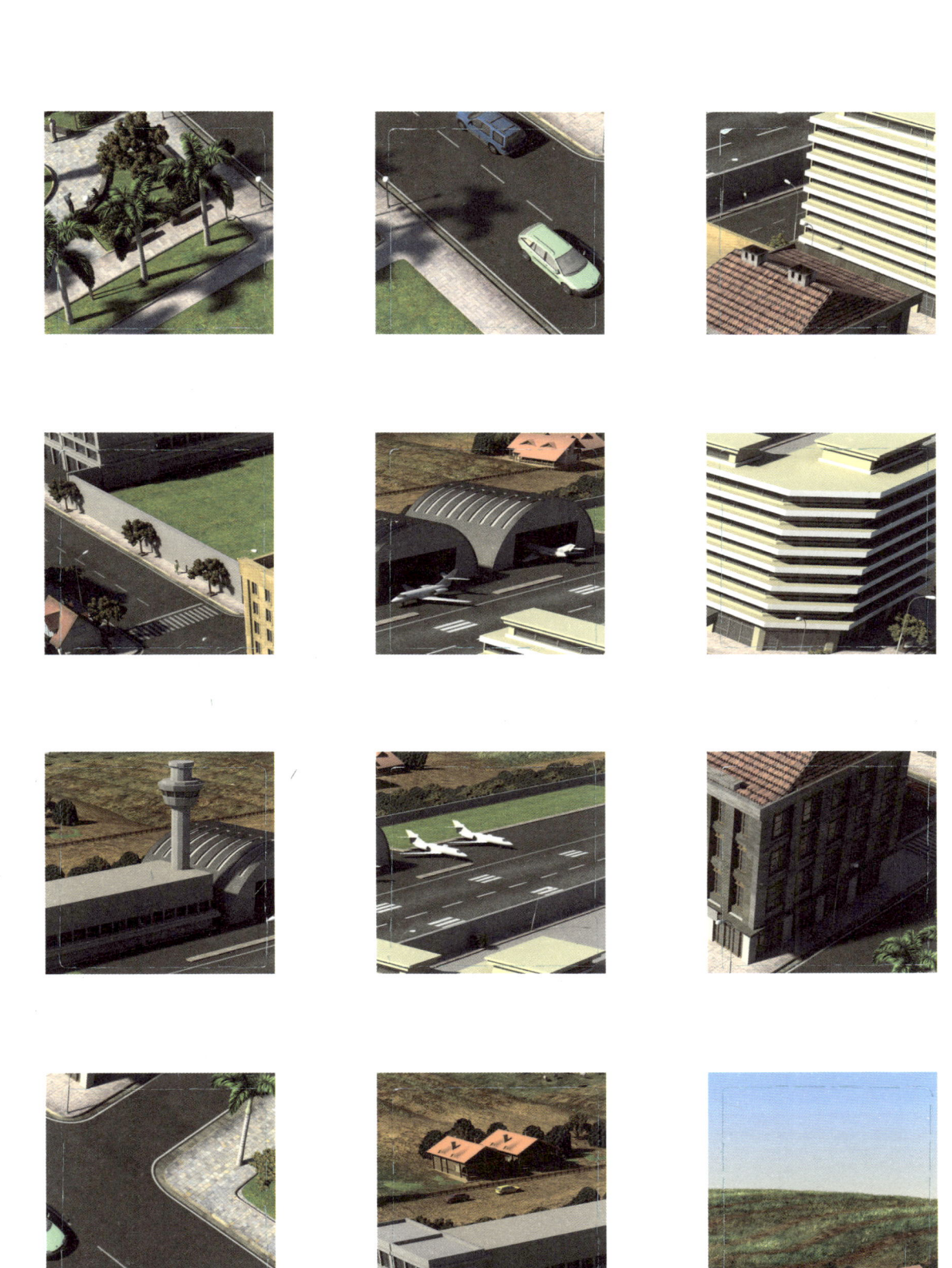

Reprodução proibida. Art. 184 do Código Penal e Lei 9.610 de 19 de fevereiro de 1998. Este encarte é parte integrante do livro PRESENTE *Geografia 4*. Não pode ser vendido separadamente. Editora Moderna.

171

Encarte referente à página 99

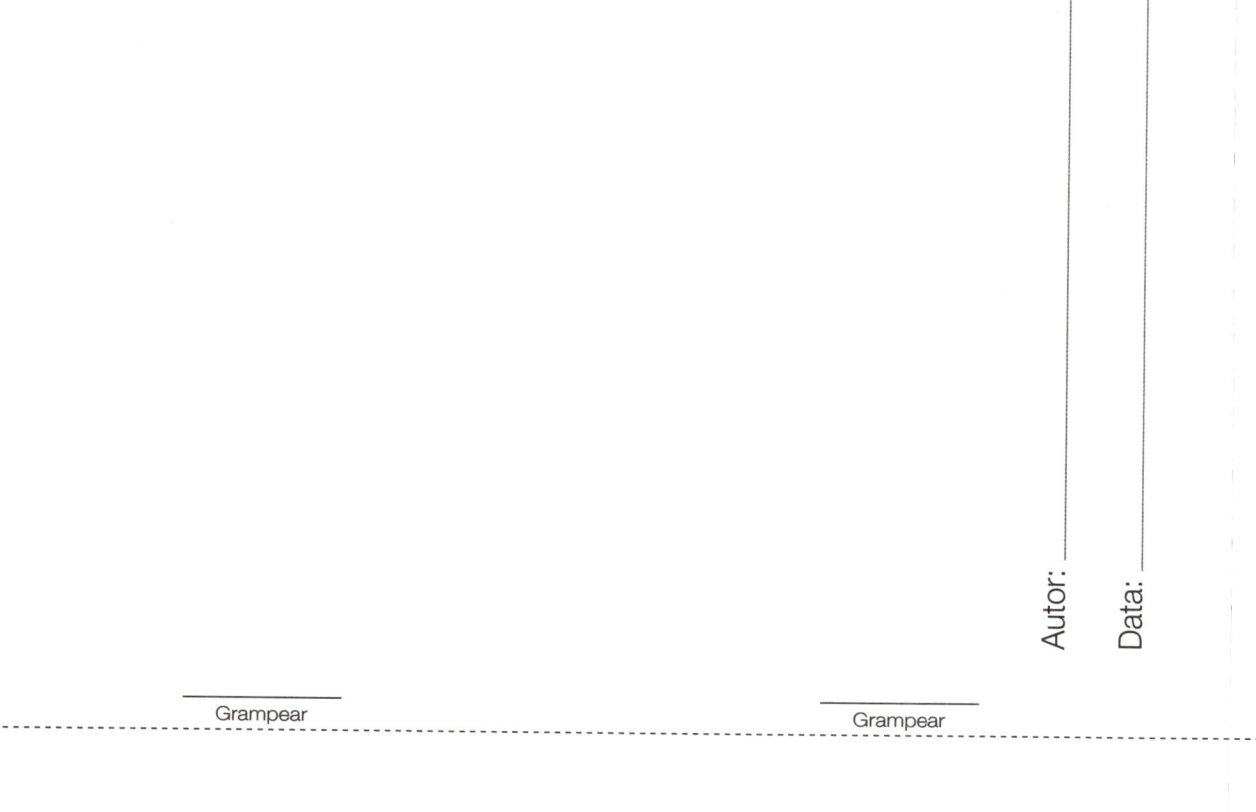

Autor: _____

Data: _____

Dobre aqui

Grampear   Grampear

A madeira das árvores de eucalipto é muito utilizada na fabricação de papel. Geralmente, as empresas que produzem papel mantêm grandes plantações de eucalipto.

②

Pronto! O papel já pode ser utilizado na fabricação de vários produtos, por exemplo: _____

⑦

Dobre aqui

Toras de madeira sendo transportadas em indústria de papel no município de Limeira, estado de São Paulo.

Bobina de papel em indústria de papel no município de Piracicaba, estado de São Paulo.

Após ser retirada da _____, a madeira do eucalipto é transportada para a _____.

Depois de seca, a pasta se torna uma folha, que é enrolada em grandes bobinas para posteriormente ser cortada em folhas menores, embalada e enviada ao mercado consumidor.

Dobre aqui

Depósito de madeira triturada em indústria de papel no município de Otacílio Costa, estado de Santa Catarina.

Profissional supervisionando a secagem da pasta que formará o papel.

Na fábrica de papel, a madeira é triturada e, depois, misturada com vários produtos químicos.

Essa mistura é cozida, formando uma pasta, que é colocada em uma máquina de secagem, originando o papel.

Dobre aqui